천재 프로그래머
탠메이가 알려주는 Go 테크닉

백엔드를 위한
GO
프로그래밍

YoungJin.com Y.
영진닷컴

천재 프로그래머 탠메이가 알려주는 Go 테크닉

백엔드를 위한 프로그래밍

Tanmay Teaches Go: The Ideal Language for Backend Developers
by Tanmay Bakshi, Baheer Kamal
Original edition copyright © 2021 by McGraw Hill.
All rights reserved.
Korean edition copyright © 2022 by Youngjin.com

This Korean edition was published by Youngjin.com in 2022 by arrangement with McGraw-Hill
Global Education Holdings, LLC through KCC(Korea Copyright Center Inc.), Seoul.

ISBN : 978-89-314-6694-2

독자님의 의견을 받습니다.
이 책을 구입한 독자님은 영진닷컴의 가장 중요한 비평가이자 조언가입니다. 저희 책의 장점과 문제점이
무엇인지, 어떤 책이 출판되기를 바라는지, 책을 더욱 알차게 꾸밀 수 있는 아이디어가 있으면 이메일,
또는 우편으로 연락해주시기 바랍니다.
의견을 주실 때에는 책 제목 및 독자님의 성함과 연락처(전화번호나 이메일)를 꼭 남겨 주시기 바랍니다.
독자님의 의견에 대해 바로 답변을 드리고, 또 독자님의 의견을 다음 책에 충분히 반영하도록
늘 노력하겠습니다.
파본이나 잘못된 도서는 구입처에서 교환 및 환불해 드립니다.

이메일 : support@youngjin.com
주 소 : (우)08507 서울시 금천구 가산디지털1로 128 STX-V타워 4층 영진닷컴 기획1팀
등 록 : 2007. 4. 27. 제16-4189호

STAFF
저자 탠메이 박시, 바히어 카말 | **번역** 우승헌 | **총괄** 김태경 | **진행** 서민지, 현진영 | **디자인 · 편집** 박지은
영업 박준용, 임용수, 김도현 | **마케팅** 이승희, 김근주, 조민영, 채승희, 김민지, 임해나, 김도연
제작 황장협 | **인쇄** 제이엠

천재 프로그래머
탠메이가 알려주는 Go 테크닉

백엔드를 위한 GO 프로그래밍

YoungJin.com **Y.**
영진닷컴

소스코드 다운로드 방법

이 책의 학습에 필요한 전체 소스코드는 깃허브에서 내려받을 수 있습니다. 깃허브 링크 https://github. com/Tanmay-Teaches/golang에 들어가서 Download ZIP 버튼을 클릭해 압축파일을 내려받거나 git clone 명령어를 활용해서 리포지토리를 내려받을 수 있습니다.

❶ Github 페이지에서 다운로드

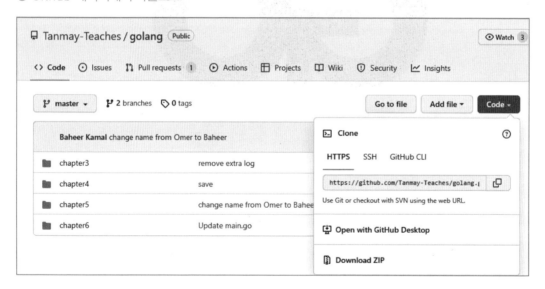

❷ git clone 명령어로 다운로드

```
Hyunui-MacBook-Pro:~ hyunjin$ git clone https://github.com/Tanmay-Teaches/golang.git
Cloning into 'golang'...
remote: Enumerating objects: 238, done.
remote: Counting objects: 100% (238/238), done.
remote: Compressing objects: 100% (161/161), done.
remote: Total 238 (delta 72), reused 206 (delta 47), pack-reused 0
Receiving objects: 100% (238/238), 6.65 MiB | 2.81 MiB/s, done.
Resolving deltas: 100% (72/72), done.
Hyunui-MacBook-Pro:~ hyunjin$ cd golang
Hyunui-MacBook-Pro:golang hyunjin$ ls
chapter3        chapter4        chapter5        chapter6
```

저자 소개

여러분이 지금 읽고 있는 책은 〈Tanmay Teaches〉 시리즈의 두 번째 책입니다. 이 시리즈의 공동 저자인 탠메이 박시(Tanmay Bakshi) 씨는 세계에서 가장 젊은 인공지능 분야의 유명한 전문가입니다. 5살 때부터 관련 기술을 가지고 놀며 연구하기 시작한 그는 베스트셀러 《Hello Swift!》와 《Tanmay Teaches Julia for Beginners》를 썼으며, 《Cognitive Computing with IBM Watson》 집필에 공동 저자로 참여했습니다.

탠메이 씨는 TED의 기조 연설가로 활동하였고, 머신러닝 분야의 구글 개발자 전문가 그룹, IBM 개발자 애드보케이트 등에 소속되어 있으며, Onalytica가 선정한 링크드인(LinkedIn)의 기술 관련 영향력 있는 인물 상위 25명에도 포함되었습니다. 또한 탠메이 씨가 "Tech Life Skills with Tanmay"라는 주간 라이브 영상을 올리는 유튜브 채널 〈Tanmay Teaches〉는 30만 명 이상의 구독자와 450만의 조회 수를 기록하고 있습니다.

탠메이 씨는 유엔, 애플, 구글, 마이크로소프트, IBM, 월마트, SAP과 같은 세계에서 가장 큰 무대의 기조연설을 진행하였으며, 각국의 주요 대학에서 열리는 다양한 강의와 워크숍을 주최했습니다.

세상 사람들의 문제를 해결하고, 인간의 삶을 더욱 증진하는 기술을 개발하고 있는 탠메이 씨의 연구들은 포브스, 월스트리트저널, 뉴욕타임즈, CNBC, 블룸버그 비즈니스위크와 같은 다양한 미디어에서 소개되었습니다. 그리고 이러한 노력으로 Life Mentor Award(Creative Foundation), Knowledge Ambassador Award(Sheikh Mohammed Bin Rashid Al Maktoum Knowledge Foundation), 2016~2019년 IBM Champion, 2013년 Toronto Star Newsmaker, Twilio Doer Award와 같은 영광스러운 상들을 받았습니다.

공동 저자인 바히어 카말(Baheer Kamal) 씨는 IBM의 소프트웨어 엔지니어 자문으로 활동하고 있습니다. 카말 씨는 13살 때 이미 병렬처리와 같은 고급 기능을 포함한 Java를 스스로 공부하였으며, 이후 Go, Bash, Python으로 프로그래밍을 하고 있습니다. 현재는 IBM에서 방금 설명한 언어로 작성한 대규모 코드베이스를 개발하고 유지하는 업무의 총책임자 역할을 맡고 있습니다.

목차

머리말 —————————————————————————————————————— 008

감사의 말 ——————————————————————————————————— 010

옮긴이의 말 ————————————————————————————————— 010

제1장 소개

1.1 왜 Go인가요? ——————————————————————————— 015

  1.1.1 Go의 설계 목표는 무엇인가요? ——————————————— 015

  1.1.2 어디서 Go를 활용할 수 있을까요? ——————————————— 016

  1.1.3 Go 컴파일러와 런타임 —————————————————————— 017

  1.1.4 동시성 ——————————————————————————————— 019

제2장 빠르게 시작하기

2.1 Go 설치하기 ——————————————————————————— 025

  2.1.1 시스템 패키지 매니저를 이용하여 설치하기 ———————— 025

  2.1.2 미리 컴파일된 바이너리 이용하기 —————————————— 025

  2.1.3 소스코드로 Go 빌드하기 ——————————————————— 026

2.2 Go 기본 개념 ——————————————————————————— 027

  2.2.1 일반적인 프로젝트 구조 ——————————————————— 027

  2.2.2 Go의 시작 "Hello, World!" ————————————————— 029

  2.2.3 변수 ——————————————————————————————— 031

  2.2.4 if 문 그리고 switch 문 ——————————————————— 037

  2.2.5 반복문 ————————————————————————————— 041

  2.2.6 함수 ——————————————————————————————— 045

  2.2.7 구조체 ————————————————————————————— 055

  2.2.8 인터페이스 ——————————————————————————— 060

  2.2.9 오류 ——————————————————————————————— 063

제3장 Go 모듈

3.1 빌트인 패키지 사용하기 ——————————————————— **073**

3.2 서드파티 패키지 사용하기 —————————————————— **083**

   3.2.1 저 소수인가요? 1 ————————————————————— **084**

3.3 직접 만든 패키지 빌드하기 —————————————————— **086**

   3.3.1 저 소수인가요? 2 ————————————————————— **086**

제4장 빌트인 패키지 사용하기

4.1 일반적인 데이터 구조와 알고리즘 ———————————————— **095**

4.2 다익스트라 길 찾기 ———————————————————————— **095**

4.3 콘웨이의 라이프 게임 —————————————————————— **111**

4.4 작업 증명 1 ———————————————————————————— **121**

제5장 동시성

5.1 동시성, 스레드, 그리고 병렬성 ————————————————— **133**

5.2 고루틴 ——————————————————————————————— **135**

5.3 채널 ———————————————————————————————— **138**

   5.3.1 select 문 ——————————————————————————— **147**

5.4 작업 증명 2 ———————————————————————————— **151**

제6장 상호 호환성

6.1 상호 호환성이 중요한 이유는 무엇일까요? ———————————— **163**

6.2 C 코드와 상호 호환하기 ————————————————————— **166**

6.3 Swift와 상호 호환하기 —————————————————————— **174**

색인 ————————————————————————————————————— **186**

머리말

《백엔드를 위한 Go 프로그래밍》는 모든 개발자가 Go 프로그래밍 언어에 더욱 쉽게 접근하고 이해할 수 있도록 돕기 위해 만들어진 책입니다. Go는 모던 백엔드 개발을 위해 구현된 언어라고 할 수 있습니다. 무어의 법칙(Moore's law)이 한계에 이른 오늘날에는 컴퓨터의 성능이 계속 좋아지리라 보기 어렵고, 따라서 우리는 엄청나게 최적화된 소프트웨어 스택을 실행하는 대규모 분산시스템에 적응해야만 합니다.

근본적으로 서로 다른 하드웨어가 함께 동작하는 분산시스템은 소프트웨어 세계에 혁신과 변화를 일으키도록 했습니다. 그 결과 요즘 소프트웨어는 거대한 모놀리식 디자인에서 점점 벗어나고 있습니다. 작게 나누어진 마이크로 서비스들이 모여 하나의 시스템을 구성하고 있고, 서로 다른 프로젝트에서도 많은 코드를 재사용하고 권한을 위임하여 예전보다 오류를 최소화하고 있습니다.

소프트웨어 세계가 발전함에 따라 이런 새로운 패러다임에 맞는 인프라 수요가 늘어났고, 이 수요를 충족하기 위해 완전히 새롭게 개발한 프로그래밍 언어인 Go가 만들어졌습니다. Go는 코드 크기가 작고 이식성까지 좋은 데다가 컴파일 시간은 엄청나게 빨라 마이크로 서비스 기반의 소프트웨어를 개발할 때 굉장히 편리한 언어입니다. 거기에 대해 강력하면서 동시성을 쉽게 적용할 수 있도록 만들어진 고루틴이나 채널 등 다른 어떤 언어도 따라올 수 없는 특별한 기능도 준비되어 있습니다.

게다가 Go는 쿠버네티스, 도커, 코크로치DB 같은 백엔드 개발을 위한 많은 인프라 서비스를 지원하는데, 이렇게 이미 잘 만들어진 대중적인 툴들을 이용할 수 있다는 점은 엔터프라이즈 레벨의 백엔드 개발을 위한 대규모 오픈소스코드들에 더 손쉽게 접근할 수 있음을 뜻하기도 합니다.

이 책을 통해 여러분이 Go를 문제 해결 상자의 도구로 활용할 수 있는 역량을 갖춘 Go 개발자가 되길 바랍니다. 더 좋은 점은 이 도구는 기존에 경험했던 다른 도구들과 달리 엔터프라이즈 레벨의 문제를 처리하는 데 적용할 수 있다는 점입니다. 따라서 Go는 여러분이 앞으로 어떤 코드를 작성할 때 사용하고 싶은 가장 첫 번째 후보가 될 것입니다.

이 책은 단순히 Go를 소개하는 것으로 그치지 않고 Swift, C, Python, Java와 같은 인기 있는 언어들과 비교하며 과제를 해결하는 방법을 설명합니다. 또한 운영체제와 CPU 레벨까지 깊이 있게 살펴보며 이 언어들이 어떻게 컴퓨터의 하드웨어 및 소프트웨어와 상호 작용하는지도 정확히 보여줄 것입니다.

마지막으로 이 책의 목적을 두 문장으로 요약해 보겠습니다.

- 다른 언어를 사용해 본 경험이 있는 개발자가 Go 세계에 쉽게 발을 디딜 수 있게 돕습니다.

- Go와 다른 프로그래밍 언어를 비교하고 로우 레벨 아키텍처를 분석하면서 어떤 코드를 작성해야 하는지 결정할 수 있는 통찰력을 함양하게 합니다. 이 능력은 Go가 내부적으로 어떤 방식으로 동작하는지, 어떤 일에 적합하고 적합하지 않은지 이해할 수 있게 도와줍니다.

탠메이 박시
바히어 카말

···

감사의 말

먼저 제 가족과 멘토분들에게 감사를 전합니다. 그분들의 무한한 사랑과 지지는 항상 저에게 큰 힘이 되었고, 저를 이끄는 원동력이 되었습니다. 또한 〈Tanmay Teaches〉 시리즈의 두 번째 책이 나올 수 있도록 지원해준 McGraw Hill 출판사의 멋진 팀에도 특별히 감사의 말을 전하고 싶습니다. 특히 책이 완성되기까지 많은 지원, 충고, 피드백 등을 아끼지 않았던 McGraw Hill의 Lara Zoble에게 대단히 감사드립니다. 이 시리즈 탄생의 중추적인 역할을 한 사람이 바로 그녀였음을 많은 이들에게 전하고 싶습니다.

Go 책을 써야겠다는 생각은 공동 저자인 바히어와 프로젝트 코드를 작성하고 있을 때 시작되었습니다. 이때 우리는 거대한 바이너리 파일들을 자세히 살펴보고 개선하려는 공동의 목표를 가지고 있었고, 저는 Swift로, 그는 Go를 사용하여 각각 코드를 구현했습니다. 그리고 바로 첫 번째 실행에서 Go는 Swift를 컴파일 타임과 런타임에서 모두 꺾어버렸습니다! 게다가 코드도 Go가 훨씬 직관적이었습니다. 이 일은 Go의 퍼포먼스와 동작 방식, 그리고 그것을 어디에 적용해야 하는지 이해할 수 있는 계기가 되었고, 이 내용을 책으로 작성해야겠다는 영감을 주었습니다. 이 모든 과정을 함께해 준 바히어에게 진심으로 감사의 마음을 전합니다.

탠메이 박시

옮긴이의 말

코로나19 확산 및 장기화로 인하여 기업들의 비대면 업무와 온라인 비즈니스는 더욱 활성화되었고, 이러한 변화된 환경에서도 좋은 서비스를 더 많은 고객에게 전달하기 위한 디지털 전환이 전 세계에서 활발하게 진행 중입니다. 따라서 많은 기업들이 개발자 확보 경쟁에 사활을 걸고 있으며 이에 따라 IT 인건비는 계속해서 증가하고 있어, 이제 1억 원이 넘는 고액 연봉을 받는 IT 개발자를 주위에서 어렵지 않게 찾아볼 수 있는 시대가 되었습니다. 그리고 이렇게 변화된 비대면 환경에 익숙해진 소비자는 코로나19가 종료되고 있는 이 시점에도 계속 비대면 서비스를 선호하고 있어, 이와 같은 기업들의 IT 인력 사랑은 당분간 계속될 전망이며 IT 개발자 연봉도 계속해서 높은 수준을 유지할 것으로 예상됩니다.

IT 개발자 모시기 경쟁으로 시작된 이러한 연봉 상승은 자연스럽게 IT 관련 직업의 인기 상승으로 이어지고 있으며, 이에 따라 점점 더 많은 사람들이 프로그래밍 언어를 배우고 싶어하고 있습니다. 특히 IT와 무관한 일을 하거나, 전혀 관계없는 학과를 졸업한 학생들도 프로그래밍 언어 한 개쯤은 알고 있어야 한다고 생각하고 있으며 일부 초 · 중 · 고 학교에서는 소프트웨어 교육을 정규 과목으로 수업하고 있다고 하니, 이제는 프로그래밍 언어 교육이 선택이 아닌 필수의 시대가 된 것이 아닌가 생각됩니다.

따라서 Go 언어를 학습하기로 선택한 독자들 중에는 Python, C, JAVA와 같은 인기 있는 다른 프로그래밍 언어에 이미 익숙한 분들도 있겠지만, 자신의 첫 번째 프로그래밍 언어를 학습하기 위한 분들도 있을 것이라고 추측됩니다. 또한 현재 소속회사 등에서 자신이 운영 중인 시스템의 기반 언어를 변경해 보고자 학습하는 독자도 있는 반면 순수한 지식의 탐구를 목적으로 하는 분들도 있을 것입니다.

본 서적은 독자들이 가진 배경 지식, 경험, 목적과 무관하게 모두가 차분히 새로운 언어를 경험해 볼 수 있도록 구성되어 있습니다. Go라는 언어가 탄생된 이유와 주요 특징과 같은 배경 지식으로 시작하여, Go의 설치 방법, 기본 개념, 문법, Go 언어가 자랑하는 주요 특징 등을 "다익스트라 길 찾기"와 같은 재미있는 코드와 함께 학습을 진행하므로 모든 독자들이 즐겁게 새로운 언어를 경험해 볼 수 있을 것이라고 생각합니다. 이 책을 통해 보다 많은 독자들이 Go 언어에 관심을 갖게 되고, 나아가 각자가 이루고자 하는 IT 관련 목적에 한 걸음 더 다가설 수 있기를 바랍니다.

2022년 6월 햇볕이 좋은 행복한 주말에

우승현

MEMO

제1장
소개

1.1 왜 Go인가요?

1.1.1 Go의 설계 목표는 무엇인가요?

1.1.2 어디서 Go를 활용할 수 있을까요?

1.1.3 Go 컴파일러와 런타임

1.1.4 동시성

《백엔드를 위한 Go 프로그래밍》를 펼친 여러분을 진심으로 환영합니다! 〈Tanmay Teaches〉 시리즈의 두 번째 책인 이 책에서 여러분은 Go 프로그래밍에 관해 자세히 배우게 됩니다. Go는 성능, 유연성, 안전성, 동시성 등을 염두에 두고 만들어진 언어로, 백엔드 개발에서 가장 빛나도록 설계되어 있습니다.

제1장의 학습을 마치고 나면 다음 질문들에 대답할 수 있을 것입니다.

- Go를 특별하게 만드는 설계 목표는 무엇이고, 단점으로는 어떤 것들이 있을까요?

- Go가 지원하는 플랫폼은 무엇이며 어디에 사용될 수 있을까요?

- Go의 컴파일러가 특별한 이유는 무엇인가요?

- Go의 메모리 관리 방법과 가비지 컬렉터의 동작 방식은 무엇인가요?

- 동시성이 Go의 런타임을 특별하게 만드는 방법은 무엇인가요?

1.1 왜 Go인가요?

Go는 실행 속도, 컴파일 속도, 의존성 관리, 동시성, 최적화 같이 백엔드 개발자에게 필요한 전체적인 워크플로우를 더욱 쉽게 구현할 수 있도록 특별히 고안된 언어입니다. Go 팀에서는 이 목표를 달성하기 위해 몇 가지 핵심 설계 목표를 세우고 상세 사양을 만들었습니다.

1.1.1 Go의 설계 목표는 무엇인가요?

구글은 2009년에 Go를 개발하여 2년 뒤인 2011년에 첫 번째 안정화 버전을 대중에게 공개했습니다. 마스코트인 고퍼로 잘 알려진 이 언어는 Robert Griesemer, Rob Pike, Ken Thompson이 설계했습니다.

[그림 1.1] 고퍼(Gopher): Go의 마스코트

Go는 구글이 마주한 많은 문제의 해결책으로 주목받기 시작했습니다. 컴파일러 측면에서 예를 들어 보자면, 대부분의 컴파일러가 구글의 대규모 코드베이스를 적당한 시간 안에 컴파일하지 못했습니다.

또 구현 측면에선, C++의 경우 지나치게 낮은 레벨(low level)[1]까지 접근하다 보니 너무 장황하고, 반대로 Java는 높은 레벨(high level)[2]을 지향하므로 너무 무겁다는 단점을 갖고 있습니다(JVM과 가비지 컬렉터로 인한 레이턴시를 고려하면 더욱 무겁습니다).

구글은 이런 문제들을 해결하는 가장 좋은 방법은 자신만의 언어를 개발하는 것이라고 판단했습니다!

Go의 설계 목표는 다음과 같습니다.

- 대규모 코드 베이스를 최대한 빠르게 처리할 수 있는 컴파일러 만들기
- 최적화를 활용하여 빠르게 코드를 생성할 수 있는 컴파일러 만들기

---

[1] 로우 레벨 언어(low-level language): 컴퓨터가 이해하기 쉽게 작성된 언어입니다. 기계어와 어셈블리어 등이 있습니다.

[2] 하이 레벨 언어(high-level language): 사람이 이해하기 쉽게 작성된 프로그래밍 언어로, 로우 레벨 언어보다 가독성이 높고 다루기 간단하다는 장점이 있습니다. 컴파일러나 인터프리터에 의해 로우 레벨 언어로 번역되어 실행됩니다.

Go는 이 목표를 정확히 달성했습니다. 컴파일러는 매우 빠르게 동작합니다. 그리고 이러한 고성능의 컴파일러를 위해 Go는 다음과 같은 특징을 갖고 있습니다.

- 코드 문법에 굉장히 엄격합니다. 가령, 쓰지 않는 변수와 임포트는 경고가 아니라 오류를 발생시킵니다.

- 컴파일러의 구조가 매우 간단합니다. 예를 들어, Swift, C, C++ 등에선 별도의 내부 구조인 LLVM(Low Level Virtual Machine, 컴파일러의 기반 구조)을 이용하지만, Go 최적화의 대부분은 어셈블리 코드에서 이루어집니다.

- 어셈블리는 텍스트 형태로의 중간 과정 없이 바이너리 형태로 생성됩니다.

컴파일러는 단순히 빠르게 컴파일하는 것을 넘어, 언어의 구조화된 특성을 통해 매우 빠르게 동작하는 코드를 생성할 수 있습니다. 문법적 편의 기능을 줄이고 언어를 직관적으로 이해할 수 있도록 구성하여 컴파일러의 최적화 프로그램이 복잡한 제어 흐름(control flow)과 로직을 가능한 한 적게 분석할 수 있도록 했습니다. 따라서 Go는 코드가 매우 간결하면서도 컴파일은 빠릅니다.

동시에 코드의 안전성 또한 매우 뛰어납니다. 안정성에서 최고로 알려졌지만 조금 더 복잡한 언어인 Swift는 안정성을 구현하기 위해 컴파일러에 별도의 오버헤드를 부여하고 런타임 시 상당한 부하를 발생시킵니다. 그러나 Go는 문법이 간략해서 컴파일 시간과 런타임에서 매우 간단하게 안정성을 구현할 수 있습니다.

1.1.2 어디서 Go를 활용할 수 있을까요?

Go는 아래 쓰인 종류를 포함한 모든 플랫폼에서 원활하게 동작합니다!

- **Linux**
  - BSDs (Berkeley Software Distributions)
  - DragonFly BSD/FreeBSD/OpenBSD/NetBSD 등
  - Darwin
    - macOS/iOS/watchOS/tvOS 등
- **Plan 9**
- **IBM i**
- **Solaris**
- **Windows**

이처럼 Go는 Plan 9과 IBM I까지 지원합니다! 어떤 플랫폼을 더 바랄 수 있을까요?

Go는 다양한 운영체제뿐만 아니라 다음과 같은 CPU 아키텍처도 폭넓게 지원합니다.

- **x86/x86_64** - 현재 가장 널리 사용되는 CPU 아키텍처

- **ARM/ARM64** - 모바일 시스템용으로 구축된 아키텍처(애플 실리콘[3]의 영향으로 머지않아 고성능 컴퓨팅의 주류가 될 것으로 예상합니다)

- **MIPS** - 현실에서는 보기 드문 매우 간단한 ISA[4]

- **IBM PowerPC** - 가속기, 고성능 및 대규모 병렬 처리 기능을 갖춘 높은 속도의 I/O를 제공하는 IBM의 엔터프라이즈급 RISC CPU 아키텍처

- **IBM Z** - 매우 높은 성능, 신뢰도, 다중화를 제공하는 IBM의 엔터프라이즈급 CISC CPU 제품군(메인 프레임에 들어갑니다!)

- **RISC-V** - 놀랍도록 이국적이고 새로운 CPU 아키텍처

RISC-V와 IBM-Z까지도 지원하니 여러분의 환경에서도 충분히 동작할 것입니다.

1.1.3 Go 컴파일러와 런타임

Go는 매우 간단한 문법 구조를 지향하고 있는데, 종종 이에 대한 비판의 목소리도 들려옵니다. Go를 설계한 엔지니어들은 1980년대 이후 발명된 모든 프로그래밍 언어의 기반 기술을 무시했다는 유명한 농담이 있을 정도입니다(문법 스타일 또한 일관적이지 않은데 이것은 다음에 다루겠습니다). Go의 코드 표현 방식이 조금 덜 현대적일 수도 있지만, 쿠버네티스, 도커, 코크로치DB와 같은 가장 현대적인 소프트웨어와도 문제없이 동작한다는 점을 기억했으면 합니다.

Go가 널리 사용되는 이유 중 한 가지는 바로 성능입니다. 우리는 이미 Go의 컴파일러가 얼마나 스마트하고 현대적이며 빠르게 동작하는지를 살펴보았고, Go의 설계 방식이 프로그래머들이 매우 빠르게 코드를 작성할 수 있게 한다는 점도 얘기했습니다. 예를 들어, 메모리를 수동으로 관리하고 포인터를 직접 다루는 C의 레벨까지 내려가거나 이 모든 것을 추상화하여 Go가 처리하도록 할 수도 있습니다.

---

3   애플 실리콘(Apple Silicon): ARM 아키텍처를 이용하여 애플이 설계한 시스템 온 칩(SoC) / 시스템 인 패키지(SiP) 프로세서입니다.

4   ISA(Instruction Set Architecture): 하드웨어와 low-level 소프트웨어 사이의 추상화 인터페이스(Interface). OS와 HW 사이의 레이어에 위치해 양자 간의 의사소통 방법을 제공해 주는 약속입니다.

메모리 관리와 매우 특별한 가비지 컬렉터

여러 프로그래밍 언어에서 가장 대중적으로 사용되는 메모리 관리 기법 4가지가 있는데, Go는 그중 가비지 컬렉션을 사용합니다.

- **관리하지 않기** - C 언어에서 사용하는 방법으로, 프로그래머가 직접 모든 것을 관리해야 합니다.

- **가비지 컬렉션(Garbage Collection, GC)** - Java, Kotlin, Python, C#, Go, JavaScript, Lisp, Ruby, Julia와 같은 언어들이 사용하는(Java와 Kotlin은 JVM을 통해 GC를 사용) 가장 인기 있는 메모리 관리 기법이나, 프로그램 성능에 큰 영향을 미칠 수 있습니다(일반적일 때를 말하며 예외는 존재할 수 있습니다). 가비지 컬렉터가 프로그램에서 쓰지 않아 앞으로 참조되지 않을 메모리 영역을 찾아 삭제하는 방식으로 동작합니다. 문제는 가비지 컬렉터가 동작하려면 애플리케이션을 아주 짧게 중지시켜야 한다는 점입니다. 또 가비지 컬렉션이 일어나는 시점을 예측할 수 없어 애플리케이션이 언제 중단될지 모르고 메모리 영역 또한 수많은 불확실성을 갖게 되는 단점이 있습니다.

- **자동 참조 카운트(Automatic Reference Counting, ARC)**[5] - 이 방법은 성능, 유연성과 구현 용이성 사이에 최적의 절충안으로 평가받습니다. 이 메모리 관리 기법을 이용하기 위해선 새로운 오브젝트를 생성할 때마다 레퍼런스 카운터 또한 함께 생성해 주어야 합니다. 오브젝트를 참조할 때마다 카운터가 증가하며, 참조한 오브젝트가 유효 범위(scope)에서 사라지면 카운터는 감소합니다. 그리고 카운터가 감소할 때마다 값이 0인지 확인하는데, 0이 되는 순간 메모리가 해제됩니다. Swift와 Objective-C 같은 언어에서 사용하는 이런 레퍼런스 사이클은 때때로 메모리가 해제되지 않는 경우가 발생하므로 주의를 기울여야 하며, 이는 약한 참조 혹은 미소유 참조를 통해 해결할 수 있습니다.

- **컴파일 타임 오너십(Compile-Time Ownership Disambiguation)** - 이름에서 알 수 있듯이, 이 방법은 메모리 관리를 완전히 수동으로 하는 것보다 조금 더 편리하면서 성능과 안정성을 중시합니다. Rust와 같은 언어가 이 방법을 사용합니다. 이 기술은 컴파일러가 코드를 컴파일할 때 메모리를 할당하거나 해제해야 할 시기를 결정할 수 있도록 합니다. 이 방식은 컴파일러가 메모리 오너십을 명확히 하기 위해 생기는 추가적인 제약사항으로 인해 프로그래머가 작성해야 할 코드가 다소 복잡해질 수 있다는 단점이 존재하지만, Rust와 같은 시스템 프로그래밍 언어에서는 그럴 가치가 있습니다.

온라인 같은 데서 어떤 메모리 관리 기법이 가장 좋은지를 검색하면 다양한 의견을 쉽게 찾아볼 수 있는데, 구현(implementation) 관점에서 판단하는 것이 가장 합리적입니다. 예를 들어 인텔의 오픈소스 기

---

5   ARC에 관해 조금 더 알아보고 싶은 경우에는 아래 사이트를 참조하세요.
    https://jusung.gitbook.io/the-swift-language-guide/language-guide/23-automatic-reference-counting

반 네트워크 드라이버는 특정 종류의 메모리 관리 기법에 최적화되도록 설계되었는데, 여기서 Swift의 ARC 기법은 매우 느립니다. 보통 GC가 가장 느리고, 무거우며, 편리하지 않다고 생각할 수 있지만, Go의 GC와 같이 구현 관점에서 그렇지 않은 예외가 존재할 수 있습니다. Go의 가비지 컬렉터는 매우 효율적으로 동작하기 때문에 프로그램 동작 중 지연 혹은 끊김 현상이 거의 없어 Swift의 ARC 성능과도 비교할 수 있을 정도입니다.

1.1.4 동시성

Go를 사용해야 하는 이유를 또 한 가지 든다면 바로 쉽고 강력한 동시성입니다. 이것만으로도 Go를 선택할 수 있는 충분한 티핑 포인트(tipping point)가 될 수 있습니다.

무어의 법칙이 천천히, 확실히 끝나가고 있습니다. 슬픈 일이지만 우리는 변화를 시작해야 합니다. 지금까지 나온 방법 중에는 단일 칩이 여러 개의 명령을 동시에 병렬로 실행할 수 있는 멀티프로세싱이 가장 확실한 방법입니다. 그러나 많은 코어를 동작시키는 건 어려울 수 있습니다. 코어가 놀지 않도록 해야 하는 데다가 코어가 시스템 호출과 메모리 접근 같은 일을 기다리고만 있지는 않기 때문입니다.

멀티프로세싱을 조금 더 쉽게 만들기 위해 운영체제들은 스레드(thread)라는 개념을 도입했습니다. 대부분의 POSIX 호환 플랫폼에서 스레드는 프로세스의 일부이며 자체적인 스택 포인터(stack pointer)를 가지고 있습니다. Windows와 같은 운영체제에서는 스레드 자체가 프로세스이기도 합니다. 그리고 이와 같은 스레드는 커널을 통해 수없이 많이 실행될 수 있는데, 여기서 문제는 스레드가 상대적으로 매우 무겁다는 점입니다. 예를 들어 44개의 스레드가 존재하는 22코어의 시스템에서는 "수천 개"의 Linux 운영체제 스레드가 생성될 수 있는데, 이렇게 스케일(scale)이 커질수록 "Linux CFS(Completely Fair Scheduler)"의 스레드 간 컨텍스트 스위칭(context switching) 비용이 감당하기 어려울 정도로 커집니다.

이와 같은 문제를 해결하기 위해 Go는 고루틴(Goroutines)이라는 개념을 사용합니다. 고루틴은 운영체제가 아닌 Go의 런타임에서 처리되는 초경량의 유사 스레드 실행 환경을 의미합니다. 고루틴은 운영체제 스레드에 매핑된 다음 CPU 스레드에 추가로 매핑되므로 큰 성능 저하 없이 수백만 개의 고루틴이 실행될 수 있습니다.

여러분은 아마도 이 시점에서 '이거 쓰기 어려울 것 같아!'라고 생각할지도 모르겠습니다. 그러나 실제는 이와 정반대입니다. 고루틴의 구현은 Swift에서 GCD[6]의 Jobs를 이용하는 것보다 쉽습니다. Go에서 별도의 고루틴 함수를 실행하도록 지시하는, 문자 그대로 "go"를 작성하면 그만이기 때문입니다.

---

6   GCD(Grand Central Dispatch): 멀티 코어 프로세서 시스템에 대한 응용 프로그램 지원을 최적화하기 위해 Apple에서 개발한 기술입니다.

그리고 고루틴끼리 고성능으로 커뮤니케이션 하기 위해 Go에서는 "채널"을 이용합니다. 채널은 서로의 소통을 매우 쉽고 빠르게 만들어 주는 역할을 합니다.

사실 고루틴과 채널은 Swift, C와 같은 다른 언어에서도 매우 인기 있으며, 고루틴과 채널을 다른 언어로 구현한 오픈소스도 꽤 존재하지만, 그 어느 것도 오리지널과 비교할 수는 없습니다.

Go는 쿠버네티스, 도커와 같은 인기 있는 서비스를 위한 백엔드이며, 고루틴을 통해 확장할 수 있고, 다양한 종류의 아키텍처를 지원합니다. 그런데도 매우 가볍습니다. 이와 같은 사실들은 Go가 크고 복잡한 서비스를 구동하는 마이크로 서비스를 설계하는 데 완벽한 언어임을 입증하고 있습니다.

그 외에도 Go가 가진 장점은 다양하며, 이러한 Go의 특징들로 인해 프로그래머는 코드를 매우 편안하고 쉽게 작성할 수 있습니다.

- Go는 다양한 아키텍처와 운영체제를 지원할 뿐 아니라, 몇 개의 컴파일 플래그(compile flags)를 추가하여 모든 아키텍처에서 크로스 컴파일(cross-compile)을 할 수 있습니다. 추가 라이브러리를 설치할 필요도 없습니다. 클랭[7]으로 한번 시도해 보세요. Ubuntu에서는 아마도 Aptitude dependency로 몇십 분 정도 시간이 소요될 수 있습니다.

- 모듈형 LLVM(Low Level Virtual Machine)의 최적화 혹은 유연성을 활용할 수 있는 경우, Go는 Go 코드를 LLVM에 컴파일할 수 있는 실험적인 LLVM 백엔드를 제공합니다.

지금까지 Go에 대해 간략하게 살펴보았습니다. 제2장에서는 Go를 설치하고, 기본적인 구성을 살펴보겠습니다. 또한 Go 표준과 문법에 알맞게 코드를 작성해 보고 몇 가지 앱을 구축하는 방법을 알아보겠습니다.

---

7   클랭(Clang): C, C++, 오브젝티브–C, 오브젝티브–C++ 프로그래밍 언어를 위한 컴파일러 프론트엔드입니다.

1 ▶ 누가 어떤 목적으로 Go를 만들었나요?

2 ▶ 사용자 관점에서 Go를 택하게 되는 주요인 3가지는 무엇인가요?

3 ▶ 프로그래밍 언어에서 가장 일반적으로 사용되는 메모리 관리 기법 4가지는 무엇이고, 각각의 장 단점은 무엇인가요?

4 ▶ Go의 단점은 무엇인가요?

5 ▶ 무엇이 Go 런타임을 특별하게 만들까요?

MEMO

제2장

빠르게 시작하기

2.1 Go 설치하기

2.1.1 시스템 패키지 매니저를 이용하여 설치하기

2.1.2 미리 컴파일된 바이너리 이용하기

2.1.3 소스코드로 Go 빌드하기

2.2 Go 기본 개념

2.2.1 일반적인 프로젝트 구조

2.2.2 Go의 시작 "Hello, World!"

2.2.3 변수

2.2.4 if 문 그리고 switch 문

2.2.5 반복문

2.2.6 함수

2.2.7 구조체

2.2.8 인터페이스

2.2.9 오류

이제 시작해 보겠습니다. 그러나 우리가 실제 코드를 작성하는 재미있는 부분을 배우기 전에, Go 코드를 작성하고 컴파일과 실행을 할 수 있는 환경을 확실하게 만들어 두는 것이 중요합니다.

환경 설정을 모두 마친 후, 다양한 종류의 제어 흐름, 그리고 제어 흐름들이 서로 연동되는 방법 등 Go의 기본적인 요소들을 살펴봅니다.

제2장을 모두 배운 사람은 다음의 질문들에 답할 수 있게 됩니다.

- Windows, Linux 혹은 macOS 기기에 Go를 설치하는 방법은 무엇인가요?

- 소스코드를 통한 Go의 설치는 어떻게 진행하나요?

- Go에서 기본적인 제어 흐름은 어떻게 동작하나요?

2.1 Go 설치하기

Go의 설치는 다른 언어들과 마찬가지로 간단히 몇 가지 명령어를 실행하는 것으로 완료할 수 있습니다. 다음 세 가지 방법을 통해 Go를 설치해 보도록 합시다.

- 시스템 패키지 매니저를 이용하여 설치하기

- 미리 컴파일된 바이너리 이용하기

- 소스코드로 Go 빌드하기

2.1.1 시스템 패키지 매니저를 이용하여 설치하기

Linux와 macOS 사용자는 표 2.1에 설명된 패키지 매니저와 명령어를 이용하여 매우 간단하게 Go를 설치할 수 있습니다. 가장 쉬운 방법이나 Windows는 제공하지 않습니다. Windows는 백엔드 개발자에게는 최적의 시스템이 아니기 때문입니다.

운영체제 / 패키지 매니저	설치 명령어
Ubuntu/Aptitude	`sudo snap install golang --classic`
macOS/Homebrew	`brew install go`

[표 2.1] 패키지 매니저를 이용하여 Go를 설치하는 명령어

그러나 안타깝게도 패키지 매니저 배포는 커뮤니티에서만 가능하며 Go 팀에서 공식적으로 지원하지는 않습니다. 따라서 특정 버전의 Go가 필요할 수 있는, 실제 제품을 만드는 프로젝트를 진행할 때는 미리 컴파일된 바이너리를 다운로드할 것을 추천합니다.

2.1.2 미리 컴파일된 바이너리 이용하기

미리 컴파일된 바이너리를 설치하는 정확한 프로세스는 사용 중인 플랫폼에 따라 차이가 있습니다. 이 책에서는 Ubuntu와 macOS를 통해 설치를 진행하니 이외의 플랫폼에 대한 설치 방법은 Go 웹사이트 (https://go.dev/doc/install)에서 확인하세요.

미리 컴파일된 바이너리 설치 과정은 다음 몇 가지 주요 단계로 요약할 수 있습니다.

1. 바이너리 다운로드하기

2. 바이너리 추출하기

3. 셸이 바이너리를 찾을 수 있도록 PATH 업데이트하기

Go와 관련 툴들은 https://go.dev/dl에서 다운로드할 수 있습니다.

Linux의 경우 파일의 확장자가 ".tar.gz"이며, 다음과 같은 명령어를 통해 압축을 해제하고 실제 파일을 추출할 수 있습니다.

```
tar -xvf go1.14.6-linux-amd64.tar.gz
```

 NOTE

위 명령어 중 하드코딩 되어 있는 "1.14.6"은 다운로드한 버전 또는 아카이브 이름을 기준으로 변경해야 합니다.

추출을 완료하면 "go" 폴더를 확인할 수 있고, 그 아래에는 "go" 바이너리가 들어 있는 "bin" 폴더가 있습니다. 이 바이너리에는 Go와 관련해서 사용자에게 필요한 모든 것이 있습니다! 그러나 매번 절대 경로로 Go 바이너리를 수동 호출하는 건 매우 불편하니 압축을 해제할 때 다음 명령어를 사용해 보세요.

```
tar -C /usr/local -xvf go1.14.6-linux-amd64.tar.gz
```

이렇게 하면 "/usr/local" 디렉터리에 "go" 폴더가 존재할 것입니다. 그런 다음 "$HOME/.profile" 파일에 다음을 추가해 보세요.

```
export PATH=$PATH:/usr/local/go/bin
```

이제 터미널 창에 "go"만 입력하면 "go" 바이너리에 접근할 수 있게 되었습니다!

2.1.3 소스코드로 Go 빌드하기

소스코드로 Go 컴파일러와 툴을 빌드하는 것은 기존 방법들보다 조금 어려울 수 있는데, Go가 Go로 작성되어 있다는 점을 생각해 보면 왜 어려운지 이해할 수 있을 것입니다(닭이 먼저인지 달걀이 먼저인지 고민하는 문제와 유사합니다). 따라서 마치 C 컴파일러처럼, 이전 버전의 Go 컴파일러를 이용하여 Go 컴파일러를 작성(부트스트랩[8])해야 합니다.

---

8   부트스트랩(Bootstrap): 특정 언어의 컴파일러를 작성하고자 할 때, 컴파일러의 코드를 그 언어로 작성하는 것

기술적으로 이전 버전의 공식 Go 컴파일러를 사용하지 않고 Go를 컴파일하는 또 다른 방법이 있는데, 바로 같은 Go 규격을 구현하는 다른 컴파일러를 사용하는 방법입니다.

우리는 보통 Go를 가리켜 Go 컴파일러를 나타내는 "gc"로 이해하는데, 사실은 "Go 스펙"으로 이해하는 것이 더 적합합니다. 예를 들어 gc의 첫 번째 버전이 작성되기 전에는 Go의 GCC(GNU C 컴파일러) 프론트엔드인 "gccgo"를 사용할 수 있었습니다. 이 프론트엔드는 gc보다 오래된 버전이긴 하지만 여전히 유지 중이며, gc 자체를 컴파일하는 데 사용할 수 있습니다.

gc는 코드를 최대한 빠르게 컴파일하는 데 중점을 두고 있으며, 일반적인 상황에서는 매우 높은 품질의 기계어 코드(machine code)를 만들어 냅니다. 그러나 높은 자원을 요구하는 반복문이나 성능에 민감한 코드들이 사용되었을 때는, 조금 시간이 걸리더라도 최적화에 중점을 둔 컴파일러가 필요한 상황이 생길 수 있습니다. 예를 들어, 일부 재귀 알고리즘(recursive algorithms)을 사용했을 경우 gc가 꼬리 물기 최적화(tail call optimization)를 지원하지 않으므로 느릴 수도 있습니다. 사용자들은 이러한 코드베이스에 gccgo를 이용할 수 있습니다.

소스코드로 Go를 컴파일하는 자세한 방법은 GitHub Wiki 페이지 https://github.com/golang/go/wiki/InstallFromSource에서 배울 수 있습니다.

2.2 Go 기본 개념

지금부터는 Go 개발자로서 매일 사용할 핵심 개념 중 일부를 실제로 배워 볼 시간입니다. 핵심 개념에는 기본 제어 흐름(basic control flow)과 프로젝트 구조, 함수, 구조체(structures)와 같은 기능들의 문법과 오류처리가 포함됩니다. 지금 바로 시작해 보겠습니다!

2.2.1 일반적인 프로젝트 구조

Go는 다른 언어와 달리 매우 엄격한 프로젝트 레이아웃을 요구하지는 않습니다. 다만 코드가 무엇을 하고 어떻게 구조화되는지 개발자가 조금 더 쉽게 이해할 수 있도록 프로젝트 대부분이 준수하는 표준이 존재할 뿐입니다.

다음 Github 저장소에서 이 표준에 관한 자세한 내용을 확인할 수 있습니다.

https://github.com/golang-standards/project-layout

프로젝트 레이아웃에 대해 더 이야기하기 전에 먼저, 패키지라는 용어를 이해할 필요가 있습니다. Go 패키지는 단일 소스코드 파일로서 확장자를 제외한 파일명이 패키지 이름이 됩니다. 예를 들어, 소스 파일 "main.go"의 경우 패키지 이름은 "main"이며 파일의 첫 번째 줄에 다음과 같은 유효한 Go 구문이 선언됩니다.

```
package main
```

이제 레이아웃으로 다시 돌아와서, 표 2.2는 현재 우리에게 필요한 디렉터리 구조를 간단히 나타내고 있습니다. 더 많은 기능과 디렉터리에 대해서는 이어지는 챕터에서 살펴보겠습니다.

프로젝트 루트와 관련된 경로	목적
/vendor	이 디렉터리는 프로젝트의 종속성(dependencies)을 저장하며, "go mod vendor" 실행을 통해 자동으로 생성될 수 있습니다. IntelliJ[9]와 같은 통합 개발 환경은 이 디렉터리와 통합하여 종속성 관리 기능을 제공할 수 있습니다.
/internal	이 디렉터리는 다른 사람들이 사용하지 않기를 바라는 코드를 위한 공간입니다. 예를 들어, 작업 중인 라이브러리가 API로 호출되어 사용되는 것을 막고자 할 때 이곳에 코드를 위치시킬 수 있습니다. 서로 다른 모듈 내에서 다수의 "internal" 디렉터리를 가질 수 있습니다.
go.mod	프로젝트 폴더의 최상위에 위치하는 "Go 모듈 파일"이라고 하는 이 파일은 코드의 "패키지"에서 동일하게 유지되는 정보를 저장합니다. 예를 들어, 생성한 패키지가 포함된 모듈의 이름, 패키지를 컴파일하는 데 사용된 Go 버전, 해당 버전과 함께하는 코드에 대한 종속성 등이 저장되어 있습니다.
go.sum	이 파일에는 특정 모듈 버전의 콘텐츠 관련 암호화 해시(hash) 정보가 포함되어 있습니다. 이것은 종속성이 손상되었거나 예상하지 못한 콘텐츠가 있을 때 등을 Go가 감지하도록 해 줍니다(현시점에서 반드시 이해할 필요가 있는 파일은 아닙니다).

[표 2.2] 기본 Go 프로젝트 구조에서의 파일과 폴더의 목적

---

9 IntelliJ: JetBrains사에서 제작한 상용 Java 통합 개발 환경입니다. 줄여서 IntelliJ 혹은 IDEA로도 불립니다.

지금까지 Go 코드가 어떻게 구성되어 있는지를 살펴보았으니, 이제는 몇몇 문법을 배워 보겠습니다.

모든 프로그래밍 언어에서 사용자가 원하는 표현을 나타내기 위해 사용되는 문법의 기본 구성 요소를 "토큰(token)"이라고 합니다. 이러한 토큰은 Go 컴파일러가 사용자가 작성한 코드를 파싱하여 해당 코드들이 무엇을 의미하는지 파악하는 데 있어 필수적인 역할을 하므로, 일부 토큰의 경우 표 2.3과 같이 "키워드"로 예약되어 변수나 함수 이름으로 사용할 수 없습니다.

break	struct	range
default	chan	type
func	else	continue
interface	goto	for
select	package	import
case	switch	return
defer	const	var
go	fallthrough	
map	if	

[표 2.3] Go에서 예약된 키워드 목록

그러면 이제 본격적으로 Go 문법 학습을 시작하겠습니다.

2.2.2 Go의 시작 "Hello, World!"

첫 번째 프로그램으로는 모두가 편안하게 작성이 가능한, 모든 언어 시작의 전통인 "Hello, World!"를 구현해 보겠습니다.

다음과 같이 "helloworld" 이름의 새로운 디렉터리에 "main.go" 파일을 만들어 봅니다.

```
/helloworld
    main.go
```

생성한 main.go 파일에 다음 코드를 입력해 보세요.

코드 2.1 Go로 해 보는 전통적인 "Hello, World!"

```go
package main

import (
    "fmt"
)

func main() {
    fmt.Println("Hello, World!")
}
```

다 썼습니다! 이제 터미널에서 helloworld 디렉터리로 이동하여 다음과 같이 실행해 보세요.

```
go build
```

같은 디렉터리에서 "helloworld"라는 실행 파일을 확인할 수 있습니다. 다시 말해, 실행 가능한 첫 번째 Go 프로그램을 컴파일하여 만들어 내는 데 성공했다는 뜻입니다! UNIX 계열의 시스템에서는 다음과 같이 해당 프로그램을 호출(또는 실행)할 수 있습니다.

```
./helloworld
```

프로그램의 실행 결과는 다음과 같습니다.

```
Hello, World!
```

프로그램은 동작하지만, 원리는 아직 잘 모르겠습니다. 이제 다시 소스코드로 돌아가서, 프로그램이 어떻게 동작하는지 하나하나 분석해 보겠습니다.

소스코드	목적
`package main`	Go 코드는 "패키지(package)"로 구성되고, 각각의 파일들은 단일 패키지를 나타냅니다. 이 코드는 "main.go" 파일에 "main"이라는 패키지가 포함되어 있음을 Go에 알리는 역할을 합니다.

`import (`
`    "fmt"`
`)`
	Go에서 출력을 위한 내장(built-in) 함수 stdout은 매우 한정적이어서 잘 사용하지 않고, 그 대신 강력한 출력 함수를 제공하는 모듈을 임포트해 사용합니다. "Format"을 뜻하는 "fmt" 모듈은 Go에 내장되어 있고, 이 코드는 그러한 "fmt"를 임포트합니다. 이 외에도 앞으로 더욱 다양한 모듈을 보게 될 예정입니다.

``
func main() {
        fmt.Println("Hello, World!")
}
``
	전형적인 애플리케이션의 시작점을 의미하는 "main" 함수입니다. 이 함수를 통해 단 한가지 기능만을 실행합니다. 우리는 Go에게 다음과 같이 말하는 셈입니다. "fmt" 모듈 내에서 'Println' 함수를 찾아 다음과 같은 문자열 리터럴을 전달하고 실행할 것: 'Hello, World!'

[표 2.4] "Hello, World!" 코드의 부분별 기능

 NOTE

다른 언어들과 달리 Println 함수 첫 글자가 대문자라는 것을 눈치챈 분들이 있을 텐데요, 여기에는 매우 흥미로운 이유가 있습니다. 잠시 후에 살펴보겠습니다.

2.2.3 변수

Go는 강 타입(strongly typed)인 동시에 정적 타입(statically typed)인 언어입니다. 이는 다음 두 가지를 뜻합니다.

1. Go의 컴파일러는 변수의 타입을 자동으로 변환하지 않습니다. 심지어 32비트를 64비트 정수로 형변환하는 것도 사용자가 명시적으로 작성해야 합니다.
2. 사용자가 직접 타입을 지정하는 대신 컴파일러가 컴파일 시간에 변수 타입을 파악할 수는 있습니다. 그러나 Go 컴파일러는 빠른 수행에 중점을 두기 때문에, Swift만큼 진보적인 방식으로 "타입 추론(Type Inference)"을 수행하지는 않습니다. 이와 관련해 어떤 제약사항들이 있는지 살펴보겠습니다.

Go 표준은 "이 숫자는 디폴트 64비트 대신 8비트 정수형을 사용해"와 같이 컴파일러에 직접 명령하는, 꼭 필요한 경우를 제외하고는 타입 추론이 가능하고, 사용자가 작성한 어노테이션(manual annotation, 주석 혹은 어떤 정보를 추가하는 것)을 피하는 것도 가능합니다. 이후 어노테이션 관련 몇 가지 사례들을 보게 될 것입니다.

이제 전역 변수(global variables)를 살펴보면서 변수의 세계를 계속 탐험해 보겠습니다. 전역 변수는 정적 혹은 상수 두 가지 타입 중 하나일 수 있으며, 전역 정적 변수는 다음과 같이 선언할 수 있습니다.

```
var age = 16
```

이 표현은 두 가지 역할을 합니다. 먼저 "age"라는 새로운 전역 정적 변수를 선언한 다음 해당 변수를 16으로 초기화합니다. 이 경우 초기화와 선언이 함께 작동하여 이 변수를 "int" 타입으로 표시합니다.

그러나 초기화할 값 없이 전역 정적 변수만 "선언"하려는 경우에는 다음과 같이 직접 변수 타입에 해당하는 코드를 명시적으로 작성해야 합니다.

```
var age int
```

사용자가 원한다면(좋은 방법은 아니지만) 위 두 가지 접근 방식을 결합하여, 변수의 타입을 명시적으로 선언하며 동시에 초기화할 값을 작성할 수도 있습니다.

```
var age int = 16
```

전역 정적 변수에 선언된 값은 다음 예시와 같이 변경할 수 있습니다.

코드 2.2 전역 정적 변수를 설정하고 값을 가져오기

```
package main

import (
    "fmt"
)

var age = 16

func main() {
    fmt.Println(age)
    age = 24
    fmt.Println(age)
}
```

위 프로그램의 실행 결과는 다음과 같습니다.

```
16
24
```

많은 Go 프로그램에서, 변수, 함수, 구조체 등의 이름 첫 글자가 대문자 카멜 표기법[10]으로 되어 있는 모습을 볼 수 있습니다. 예를 들어 var age 대신 var Age int를 사용하는 것인데, 왜 그런 것일까요?

Go에서 대문자를 사용하는 이유는 바로 접근 제어(access control)를 수행할 수 있기 때문입니다. Swift 나 Java 같은 다른 언어에서는 "public" 혹은 "private"와 같은 접근 제어를 위한 키워드를 함수나 변수에 추가하여, 컴파일러가 어떤 것이 어디까지 접근할 수 있는지 설정할 수 있도록 합니다. 그러나 Go에서

---

10 대문자 카멜 표기법(UpperCamelCase): 코드 작성 시 생성해야 할 변수, 함수, 구조체 이름들의 명명 규칙 중 한 가지.

는 접근 제어를 위해 별도의 정보를 추가하지 않고 첫 글자의 대소문자로 public과 private 여부를 결정합니다. 대문자는 public을, 소문자는 private을 의미합니다!

많은 프로그래밍 언어들은 각자의 고유한 방식으로 접근 제어를 하고 있으며, Go 역시 Go의 방식으로 접근 제어를 한다고 이해하면 좋을 것입니다. 참고로 Python의 경우는 덕 타이핑(duck typing)을 권장하는데, 이는 어떠한 규칙도 강요하지 않는다는 의미입니다.

변수 관련 문법에서 한 가지 더 알아야 할 사항이 있습니다. 변수 여러 개를 한 번에 초기화하려는 경우에는 "var"라는 키워드를 여러 번 입력할 필요 없이 다음과 같이 간단히 표현할 수 있습니다.

```
var (
    name1 = "Tanmay Bakshi"
    name2 = "Baheer Kamal"
)
```

이렇게 하면 두 문자열을 전역 변수로 선언하고 초기화합니다. 다음과 같이 서로 다른 타입에도 적용할 수 있습니다.

```
var (
    name1 = "Tanmay Bakshi"
    age = 16
)
```

코드 줄 끝에 콤마가 없다는 점에 주의할 필요가 있습니다. 값의 할당 자체가 변수 간 구분자(delimiter) 역할을 하므로 콤마가 필요 없게 됩니다.

지금까지 전역 정적 변수에 관해 배웠으므로 이제는 전역 상수(global constants)에 대해 알아볼 차례입니다. 상수라는 이름에서 알 수 있듯이 수정 불가능하다는 의미입니다. Go나 Swift 같은 언어들은 안전성을 중시하므로, "상수의 포인터를 가져와 직접 수정하는 행위"와 같은 것들은 허용되지 않습니다. 그리고 이러한 규칙은 컴파일러가 일부 계산을 컴파일 과정에서 미리 수행하는 상수 폴딩과 같은 최적화 작업을 매우 신뢰 있게 만들어 줍니다.

전역 상수는 변수를 선언할 때 다음과 같이 "var" 대신 "constant"를 사용하여 생성할 수 있습니다.

```
const name1 = "Tanmay Bakshi"
const name2 string = "Baheer Kamal"
```

위의 예시 모두 문법적으로 문제가 없지만, 첫 번째는 타입 추론, 두 번째는 사용자가 직접 추가한 정보로 타입이 결정(이 경우는 string)되는 차이가 있습니다. 여기서 기억할 점 한 가지는 변수는 초기화 없이 선언만 해도 되지만, 전역 상수는 미래에 값이 변경될 수 없으므로 초기화 없이 선언만 하는 것은 불가능하다는 것입니다.

상수를 사용할 수 없는 map과 같은 타입도 존재하는데, 여기서는 어떤 이유에서든 할당된 값이 변경될 수도 있으므로 반드시 전역 정적 변수를 이용해야만 합니다.

전역 변수를 다 알게 되었으니, 지역 변수(local variables)를 살펴보겠습니다. Go에서는 지역 변수 생성이 다른 언어와는 사뭇 다르게 수행되는데, 악명 높은 := 연산자를 사용합니다.

main 함수 내부에 지역 변수를 생성하고 출력하고 싶다면, 다음과 같이 작성하면 됩니다.

코드 2.3 함수에서의 지역 변수

```
package main

import (
    "fmt"
)

func main() {
    name := "Anna"
    fmt.Println(name)
}
```

main 함수의 첫 번째 코드는 Go에 "name이라는 변수를 만들고 그 안에 문자열 'Anna'를 저장해"라고 말합니다. 변수의 형태가 다른 언어와 비교했을 때 조금 이상해 보일 수 있겠지만, 사용 범위(scope)는 C나 Swift 같은 언어들과 같으므로 해당 코드 구간이 끝나면 변수는 삭제됩니다. 어떤 독자에게는 "삭제"라는 개념이 생소할 수 있으니 조금 더 자세히 살펴보겠습니다. 부동 소수점(float)이 할당된 다음과 같은 변수가 있다고 해봅시다.

```
price := 69.99
```

변수 "price"는 메모리 4byte를 사용하며, 할당된 값은 해당 영역에 직접 위치합니다. 따라서 main 함수에 해당하는 코드 구간이 종료되면, 그 값이 삭제되어 더는 존재하지 않게 됩니다. 그런데 이때 어떤 다른 변수 혹은 구조체가 삭제된 변수를 참조하고 있었다면, 머지않아 가비지 컬렉터에 의해 해당 참조까지 모두 제거됩니다.

이번엔 초기화를 하지 않고 지역 변수를 선언해 보겠습니다. 전역 정적 변수 문법을 그대로 이용할 수 있습니다.

```
func main() {
    var name string
    name = "Jackson"
    fmt.Println(name)
}
```

다음과 같이 지역 상수(local constants)도 생성할 수 있습니다.

```
func main() {
    const pi float32 = 3.14159
    fmt.Println(pi)
}
```

표 2.5는 우리가 이미 살펴본 것을 포함해 다양한 변수 타입을 설명합니다.

Go 타입	저장되는 값
string	문자 형태 정보
int8/int16/int32/int64	n–bit의 부호 있는(signed) 정수형
uint8/uint16/uint32/uint64	n–bit의 부호 없는(unsigned) 정수형
uint/int	32bit 시스템에서는 uint32 / int32 64bit 시스템에서는 uint64 / int64
float32/float64	n–bit 부동 소수점

[표 2.5] Go에 저장되는 일반적인 네이티브 타입

물론 변수는 스칼라(scalar)에 국한되지 않고 배열을 만들 수도 있습니다. Go에서 배열을 만드는 것은 매우 간단합니다. 문자열 배열을 나타내는 [ ]string과 같이 원하는 타입을 토큰[ ] 옆에 추가해 주기만 하면 됩니다.

배열의 요소는 대괄호 대신 중괄호에 포함이 되고, 배열의 타입을 나타내는 정보는 항상 요소의 값보다 앞에 작성해야 합니다. 예를 들어, 문자열 구성의 로컬 배열(local array of strings)을 만들기 위해 다음과 같이 작성할 수 있습니나.

```
names := []string{"Tanmay Bakshi", "Baheer Kamal"}
```

타입 정보를 명시적으로 작성하는 형태는 다음과 같습니다.

```
var names []string
names = []string{"Tanmay Bakshi", "Baheer Kamal"}
```

또한 배열에 새로운 요소를 추가하려면 append 함수를 이용할 수 있습니다.

```
names = append(names, "Kathy")
```

append 함수는 배열의 마지막 부분에 새로운 구성 요소를 위한 메모리를 할당하고, 함수의 두 번째 인자로 전달된 값을 해당 영역에 설정합니다. 그런 다음 원래 변수에 새롭게 구성된 배열을 반환합니다.

Go의 배열은 연속적인 메모리 블록으로 저장되므로, 첫 번째 요소에 대한 포인터를 통해 이어지는 메모리 주소에 해당하는 나머지 요소에 도달할 수 있습니다.

배열을 추가해야 할 때, Go 런타임이 내부적으로 "재할당(reallocation)"이라고 하는 작업을 실행해야 할 수도 있습니다. 대부분 운영체제는 이미 사용 중인 메모리의 버퍼를 확장하여 추가 작업을 처리하려고 하지만, 확장하려는 영역이 이미 사용 중이어서 불가능할 때는 완전히 새로운 버퍼를 할당하고 이전 요소들을 복사해야만 합니다. 복사가 완료되면 이전에 사용했던 버퍼는 해제될 것입니다.

위에서 살펴본 메커니즘으로 인하여, 재할당 작업에는 많은 시간이 소요될 수 있습니다. 따라서 추가되는 요소가 무엇인지 아직 모르더라도 요소의 개수를 확실히 알고 있다면 더욱 효율적인 배열을 만들기 위해 "make" 함수를 사용할 수 있습니다.

make 함수를 사용하면 다음 예제처럼 재할당 없이 배열에 특정한 수의 요소를 할당할 수 있습니다.

```
names := make([]string, 3)
names[0] = "Tanmay Bakshi"
names[1] = "Baheer Kamal"
names[2] = "Kathy"
```

한 가지 기억해야 할 점은 위와 같은 코드 구성은 배열의 용량(capacity)을 설정할 뿐 아니라, make 함수의 인자를 통해 요소들의 길이까지 전달했다는 점입니다. 따라서 3개의 요소가 존재하는 배열을 위와 같이 만들고 아무런 값을 설정하지 않는다면 메모리 해당 영역에는 가비지 값이 들어 있을 것입니다.

Swift 같은 다른 언어에서는 용량을 설정할 때 배열에 '아무것도 설정하지 않음'을 전달할 수 있습니다.

이렇게 설정하면 예약한 용량에 도달할 때까지는 요소의 추가로 인한 재할당이 발생하지 않습니다. Go 에서도 같은 방식으로 비어있는 배열을 위한 특정 용량의 메모리 버퍼 확보를 할 수 있습니다.

다음 예시처럼 make 함수에 원하는 용량을 세 번째 인자로 전달할 때 0을 두 번째 인자로 구성하면 됩니다.

```go
func main() {
    names := make([]string, 0, 2)
    fmt.Println(len(names))
    names = append(names, "Tanmay Bakshi")
    names = append(names, "Baheer Kamal")
    fmt.Println(len(names))
    fmt.Println(names)
}
```

결과는 다음과 같습니다.

```
0
2
[Tanmay Bakshi Baheer Kamal]
```

위의 결과를 통해 make 함수를 호출할 때는 배열이 empty 값을 반환하였고(길이가 0입니다), 새로운 요소를 추가한 후에는 배열의 길이가 2가 되었다는 것을 알 수 있습니다.

하지만 make 함수로 만들어진 배열에는 이미 특정 용량이 확보되어 있으므로, 위 코드에서 수행한 두 번의 추가 작업으로 인해 새로운 메모리를 할당할 필요는 없습니다. 여기서 더 많은 요소를 추가하고자 할 경우에만 재할당이 필요할 것입니다.

규모가 작다면 큰 차이는 없을 수 있지만 수십에서 수백만에 이르는 요소가 작성되는 환경이라면 위와 같은 코드 구성을 통해 많은 시간 절약을 기대할 수 있습니다.

2.2.4 if 문 그리고 switch 문

모든 프로그래밍 언어의 필수적인 기능 중 한 가지는, 코드를 특정 조건에 따라 서로 다른 부분으로 분기하는 기능입니다. Go는 다음 두 가지 방법을 지원합니다.

- if 문
- switch 문

보편적이고 전통적인 if 문부터 살펴보겠습니다. Go의 if 문은 Java, C, Swift와 매우 유사합니다.

```
if <Boolean 값으로 해석되는 표현 1> {
    <조건1이 true일 경우 수행되는 코드>
} else if <Boolean 값으로 해석되는 표현 2> {
    <조건 1이 false이고 조건2가 true일 경우 수행되는 코드>
} else {
    <이전 조건들이 true가 아닐 경우 수행되는 코드>
}
```

<Boolean[11] 값으로 해석되는 표현> 부분은 Boolean 리터럴(true, false), Boolean을 반환하는 함수, Boolean 값을 가진 변수나 상수 혹은 Boolean을 반환하는 연산의 호출(동일함을 확인하기 위한 ==, 비교를 위한 >와 < 등)이 해당될 수 있습니다. Boolean 연산이 나온 김에 몇 가지 Boolean과 비트 연산자를 표 2.6에서 살펴보겠습니다.

연산자	역할
==	좌변과 우변이 같으면 true를 반환합니다.
!	한 개의 표현식만이 적용되는 단항 Boolean NOT 연산자로서, 조건이 false이면 true를 반환하고 true이면 false를 반환합니다.
!=	좌변과 우변의 값이 같지 않을 경우, true를 반환합니다.
>	좌변의 값이 우변의 값보다 크면 true를 반환합니다.
<	좌변의 값이 우변의 값보다 작으면 true를 반환합니다.
>=	좌변의 값이 우변의 값보다 크거나 같으면 true를 반환합니다.
<=	좌변의 값이 우변의 값보다 작거나 같으면 true를 반환합니다.
||	좌변이나 우변의 조건 중 한 가지가 true로 확인되면 true를 반환합니다.
&&	좌변과 우변의 조건이 모두 true로 확인되면 true를 반환합니다.
|	두 숫자 사이에 비트 OR 연산을 실행합니다.
&	두 숫자 사이에 비트 AND 연산을 실행합니다.

[표 2.6] Go에 내장된 일반적인 Boolean과 비트 연산자

---

11 Boolean: 로직 자료형이라고도 하며, 참과 거짓을 나타내는 데 쓰입니다. 주로 참은 1, 거짓은 0에 대응하나 언어마다 차이가 있습니다. 숫자를 쓰지 않고 참과 거짓을 나타내는 영단어 true와 false를 쓰기도 합니다.

물론 여러 개의 Boolean 연산자를 결합하여 "복합 조건"을 만들어 낼 수도 있습니다. 예를 들어 "국가가 캐나다이고(and) 나이가 17세 이상인 경우" 또는(or) "국가가 일본이고(and) 나이가 15세 이상인 경우"와 같이 구성할 수 있습니다.

누군가가 성인인지 알아보는 간단한 프로그램은 다음과 같이 만들면 됩니다.

코드 2.4 Go에서 if 문과 Boolean 연산자의 사용

```
package main

import (
    "fmt"
)
func main() {
    age := 15
    if (age >= 18) {
        fmt.Println("Welcome!")
    } else {
        fmt.Println("You're too young.")
    }
}
```

이 프로그램에서 변수 age와 숫자 18은 >= 연산자의 양쪽에 있습니다. 여기서 if 문은 위 연산의 결과에 따라 반환된 Boolean을 보고 그 다음으로 어떤 코드를 실행해야 하는지 결정합니다.

if 문은 때때로,

- 조건이 지나치게 많은 경우, 코드를 지저분하게 만들 수도 있습니다.
- 항상 단일 표현식에 대해서만 적용할 수 있습니다.

이러한 상황에서는 if 문 대신 switch 문을 사용할 수 있습니다. 역사적으로는 if 문에 비해 switch 문이 성능이 우수하다고 할 수 있지만, 컴파일러의 발전으로 인하여 일반적인 프로그래머에게는 차이가 거의 느껴지지 않을 정도입니다.

"switch"는 하나의 표현식으로 다양한 평가 결과를 만들어 낼 수 있습니다. 예를 들어, 누군가가 자신의 이름을 입력했을 때 그가 세 후보 중 한 명인지, 그중 누구인지 확인하고 싶다면 다음 코드로 구현하면 됩니다.

```
switch name {
case "Tanmay Bakshi":
    fmt.Println("Hi, Tanmay.")
case "Baheer Kamal":
    fmt.Println("Hi, Baheer.")
case "Michael":
    fmt.Println("Michael!")
default:
    fmt.Println("Sorry, I don't know who you are.")
}
```

Go의 switch 문은 C나 Swift 같은 언어들과 매우 유사합니다. Swift와 마찬가지로, case에 명시된 조건에 충족되지 않을 때 호출되는 default 문을 반드시 작성해야 합니다. 하지만 C와 달리 Go는 다른 case로 넘어가지는 않으므로 각각의 case 문 끝에 break를 추가할 필요는 없습니다. Go에서는 다른 case로 넘어가는 대신 switch case 코드 구간 다음 줄의 코드로 이동하게 됩니다. C를 배운 적이 없어도 Go를 배우는 데 아무 문제 없으니 걱정하지 마세요. 위의 코드들은 Go의 제어 흐름이 switch 문에서 어떻게 동작하는지를 다른 언어의 switch 문과 비교하여 설명하는 것일 뿐입니다.

이번에는 main 함수에서 이전에 보았던 switch 문을 다음과 같이 구현해 봅시다.

코드 2.5 Go에서 switch 문을 이용하여 동일 여부 확인하기

```
func main() {
    name := "Tanmay Bakshi"
    switch name {
    case "Tanmay Bakshi":
        fmt.Println("Hi, Tanmay.")
    case "Baheer Kamal":
        fmt.Println("Hi, Baheer.")
    case "Michael":
        fmt.Println("Michael!")
    default:
        fmt.Println("I don't know who you are.")
    }
}
```

이 코드를 실행하면 다음과 같은 출력 결과를 볼 수 있습니다.

```
Hi, Tanmay.
```

지금까지 Go의 조건문을 배워 보았습니다. 여러분은 위와 같은 코드를 이용하여 조건의 성립 여부에 따라 코드를 분기할 수 있습니다.

2.2.5 반복문

반복문은 프로그래밍 언어가 제공하는 또 다른 필수 요소입니다. Go에서는 반복문이 매우 단순화되어 단 한 가지만 존재하며, 이 하나가 다른 언어의 세 가지 반복문(for, while, do-while/repeat-while)의 기능을 모두 담당합니다.

다시 말해 Go는 세 가지 종류의 반복문을 단순히 for 반복문 하나로 대체합니다. 기술적으로는 for 반복문을 사용하여 여러 종류의 기능을 따라 할 수 있다는 것이고, 결론적으로 다른 언어에서 제공하고 있는 다양한 반복문의 기능을 모두 갖고 있다는 의미입니다.

가장 일반적인 "for-in" 반복문부터 시작해 보겠습니다. 이 for 문을 사용하면 배열과 같은 특정 시퀀스의 요소를 반복할 수 있습니다.

코드 2.6 Go에서 for-in 반복문 사용하기

```
func main() {
    names := []string{"Tanmay Bakshi", "Baheer Kamal", "Kathy"}
    for i := range names {
        fmt.Println(i)
    }
}
```

> **NOTE**
>
> 위 코드에서 'in'이라는 단어가 보이지 않는데 왜 'for-in' 루프라고 부르는 건지 궁금해하는 사람이 있을 것입니다. 그 이유는 바로 반복문의 ":= range" 부분을 "in"으로 간주하기 때문입니다. Swift와 Python의 "for i in names"와 유사한 표현입니다.

실행하기 전에 출력 결과를 예상해 보라고 하면 아마 다음과 같이 생각하지 않을까 싶습니다.

```
Tanmay Bakshi
Baheer Kamal
Kathy
```

이런 결과를 예상했나요? Swift와 Java에서 비슷한 문법으로 작성해 실행했을 때는 이런 결과가 나오지만 Go에서는 그렇지 않습니다. 왜 그럴까요? 이 시점에서 우리는 제1장에서 얘기했던 "Go는 다른 언어들의 표준과는 상당히 다르다"라는 점을 떠올릴 필요가 있습니다. 위 코드의 실제 출력 결과는 다음과 같습니다.

```
0
1
2
```

이 값들은 요소 자체의 인덱스입니다. 해당하는 값도 가져오려면 다음 문법을 사용해야 합니다.

코드 2.7 Go에서 for-in 반복문을 사용하여 인덱스와 요소 가져오기

```
func main() {
    names := []string{"Tanmay Bakshi", "Baheer Kamal", "Kathy"}
    for i, v := range names {
        fmt.Println(i)
        fmt.Println(v)
    }
}
```

출력 결과는 다음과 같습니다.

```
0
Tanmay Bakshi
1
Baheer Kamal
2
Kathy
```

Go가 왜 이런 식으로 작동하는 걸까요? 이 질문은 기술 및 효율성 관점에서 이해할 필요가 있습니다. 다음의 Swift 코드와 비교해 보며 조금 더 살펴보겠습니다. 이 코드는 Swift에 대한 깊은 지식 없이도 이해할 수 있을 만큼 아주 간단해 보이는데, 왜 Go의 동작 방식이 더 효율적인 걸까요?

```
let names = ["Tanmay Bakshi", "Baheer Kamal", "Kathy"]
                    // 3개의 구성 요소를 갖고 있는 문자열 배열을 생성한다.
for i in names {
    print(i) // 각각의 이름을 순서대로 출력한다.
}
```

물론 이 코드는 새로운 줄에 각각의 이름을 출력합니다. 그런데 각 요소가 어디에 저장되어 있는지 알기 위해 카운터를 생성해야 한다면 어떨까요? 두 가지 방법을 통해 카운터를 생성할 수 있는데, 다음 코드처럼 "enumerated" 메서드를 사용하는 것이 일반적인 방법입니다.

```
let names = ["Tanmay Bakshi", "Baheer Kamal", "Kathy"]
                // 3개의 문자열 요소를 포함한 배열을 생성
for index, i in names.enumerated() {
    print(index) // name의 인덱스를 출력
    print(i) // 각 name을 순서대로 출력
}
```

그리고 다음과 같이 메서드를 이용하지 않고 수동으로 정의하는, 비표준 방법도 있습니다.

```
let names = ["Tanmay Bakshi", "Baheer Kamal", "Kathy"]
                // 3개의 문자열 요소를 포함한 배열을 생성

let index = 0
for i in names {
    print(index) // name의 인덱스를 출력
    print(i) // 각 name을 순서대로 출력
    index += 1 // 인덱스를 증가
}
```

이 두 가지 방법 모두 일종의 오버헤드를 수반합니다. 첫 번째 표준 방법은 Collection 프로토콜의 "enumerated" 메서드를 새롭게 호출해야만 하므로 매우 비효율적입니다.

그렇다면 메서드 호출이 없는 두 번째 방법은 효율적일까요? 정답은 "아니요"입니다. 코드 자체에 두 개의 카운터를 포함하고 있으므로 효율적일 수가 없습니다.

여러분 중 일부는 아마도 "한 개의 카운터만 증가하는데요?"라고 말할 수도 있겠지만, 컴파일러가 또 다른 한 개의 카운터를 증가시키고 있으므로 총 두 개의 카운터가 존재합니다.

이 카운터는 내부에 숨겨져 있고 기계어 코드에 의해 생성됩니다. 또 우리가 어떤 요소에 있는지 알기 위해 버퍼 포인터로부터의 오프셋을 컴파일러가 알아야 하므로 중요한 역할을 합니다.

오프셋 변수(offset variable)는 프로그래머에게 보이지 않지만, 그렇다고 없어진 것이라고 오해해서는 안 됩니다. 따라서 Go는 이미 존재하고 있는 오프셋 카운터에 프로그래머가 접근하는 방식을 채택했습니다. 이를 통해 또 다른 카운터가 필요하지 않게 되므로 매우 효율적이라고 말할 수 있습니다.

그러나 실제로 인덱스에는 관심이 없고 오로지 값에만 관심이 있는 경우도 꽤 있을 수 있습니다. 이러한 상황은 Go가 자동으로 감지할 수 있지만, Go에 필요하지 않다고 명시적으로 말해 주는 것이 더 적합합니다. 또 이것은 다른 프로그래머가 코드를 더 자연스럽게 읽는 데 도움이 되며, Go 최적화에도 도움이 될 수 있습니다.

인덱스를 무시하며 배열을 반복하는 방법은 다음과 같습니다.

코드 2.8 for-in 반복문에서 인덱스 무시하기

```
func main()
    names := []string{"Tanmay Bakshi", "Baheer Kamal", "Kathy"}
    for _, v := range names {
        fmt.Println(v)
    }
}
```

for-in 루프의 밑줄은 Go에 "어떤 값이 나오든 상관없으니까 이 부분을 사용할 필요는 없어"라고 말하는 것과 같습니다. 위 코드를 실행하면 다음과 같이 출력됩니다.

```
Tanmay Bakshi
Baheer Kamal
Kathy
```

for-in 반복문에 대해 어느 정도 배웠으니 이제 매우 고전적인 C 스타일 for 반복문을 살펴보겠습니다.

코드의 구성은 크게 세 가지 부분으로 나누어집니다(Go의 구성이 조금 더 유연하다는 것을 알 수 있습니다). 구체적으로 살펴보면, 먼저 새로운 반복자(iterator variable)가 생성되며, 그 다음에는 반복문을 계속 진행해야 하는지를 확인하기 위한 Boolean식이 있고, 그리고 마지막으로 반복되는 과정을 표현해야 하는 카운터로 이루어짐을 알 수 있습니다. 다음 코드에서 다시 한번 확인해 보겠습니다.

코드 2.9 C 스타일의 반복문 사용하기

```
func main()
    for i := 0; i < 5; i++ {
        fmt.Println(i)
    }
}
```

위 코드는 아래와 같이 0에서 4까지를 출력합니다.

```
0
1
2
3
4
```

또 다음과 같은 방법으로 while 반복문과 비슷한 표현을 만들 수도 있습니다.

코드 2.10 while 반복문과 유사하게 구성하기

```go
func main() {
    i := 1
    for i < 1000 {
        i += i
    }
    fmt.Println(i)
}
```

for 반복문의 첫 번째 표현과 마지막 표현을 제거하면 반복문이 계속 진행하는지를 확인하는 조건문만 남게 되는데, 바로 이와 같은 표현이 while 반복문의 구성과 매우 비슷합니다. 위 코드는 아래와 같은 값을 출력합니다.

```
1024
```

기술적으로 for 반복문의 사용이 필요한 곳이 하나 더 존재하는데, 바로 채널입니다. Go의 매우 독특한 기능인 채널은 우리가 몇 가지 기본 지식을 조금 더 학습하고 나서 볼 것입니다. 그럼 계속해서 다음 내용을 살펴보겠습니다.

2.2.6 함수

코드를 재사용하고 모듈화하는 매우 좋은 방법은 함수를 사용하는 것입니다. 대부분의 프로그래밍 언어에서 함수는 없어서는 안 될 중요한 부분이며 Go가 제공하는 함수 역시 매우 유용하게 사용할 수 있습니다. 그러나 이 책을 작성하는 시점에는 버그의 가능성이 있는 많은 양의 코드를 깔끔하고, 재사용 가능하며, 불필요한 부분이 없도록 만드는 하나의 중요한 기능이 아직은 없는 상황입니다. 이 기능은 언어 개발자들이 아직 작업 중입니다.[A] 나중에 더 자세히 설명하겠습니다. 지금은 여러 가지 예시를 통해 이미 배워둔 main 함수를 다시 한번 작성해 보도록 합시다.

```go
func main() {

}
```

이 세 줄의 코드만 있으면 프로그램이 아무 작업을 수행하지 않더라도 성공적으로 컴파일되고 실행되는데, 이는 main 함수가 아무것도 반환하지 않으므로 "return" 문이 필요하지 않기 때문입니다. C와 같은

[A]   Go는 이 책이 집필된 이후 버전인 1.18부터 제네릭 기능을 지원합니다. 자세한 사항은 https://go.dev/doc/tutorial/generics에서 확인할 수 있습니다.

일부 프로그래밍 언어에서는 호출 프로세스(invoking process)가 프로그램이 성공적으로 끝마쳐야 하는 작업의 완료 여부를 알 수 있도록 조금 더 명시적으로 main 함수에 종료 코드와 같은 무언가를 반환하도록 구성되지만 Go에서는 그럴 필요가 없습니다.

32비트 부동 소수점을 통해 pi와 같은 상수값을 항상 반환하는 간단한 함수는 다음과 같이 작성합니다.

코드 2.11 함수의 선언, 정의 그리고 호출

```go
func valueOfPi() float32 {
    return 3.14159
}
func main() {
    fmt.Println(valueOfPi())
}
```

위 코드에서 함수 시그니처(function signature)의 구조를 유심히 살펴보세요. 반환 타입을 함수 이름 바로 다음(함수 블록이 시작되는 중괄호 전)에 배치하고 있음에 주의할 필요가 있습니다.

그리고 그 앞에는 괄호가 있는데, 예상하듯이 이는 함수에 전달하고 싶은 인자를 위한 것입니다.

예를 들어, pi에 음이 아닌 정수를 곱한 값을 반환하는 함수는 다음과 같이 구성합니다.

코드 2.12 임의의 상수를 곱하는 새로운 valueofPi 함수

```go
func valueOfPi(multiplier uint) float32 {
    return 3.14159 * float32(multiplier)
}
```

인자에 대한 함수의 시그니처를 다시 살펴보면, 먼저 인자의 이름이 배치되고, 그 다음 공백이 들어가며, 마지막으로 타입이 위치함을 알 수 있습니다.

그리고 또 한 가지 주목해야 할 부분은, 코드가 모호해지는 것을 방지하기 위해 부호 없는 정수를 32비트 부동 소수점 숫자로 수동 형변환(manually cast)한다는 점입니다.

그렇다면 형변환은 어떻게 동작하는 것일까요? 형변환은 어떤 타입에 해당하도록 나열된 비트를 다른 타입으로 변경하는 데 필요한 하나의 특정 규격을 따르게 되어 있습니다. 예를 들어 float32는 메모리에 어떻게 표시될까요? Go의 경우엔 IEEE 754 규격을 따르고 있습니다.

해당 규격에 따라, 1비트는 부호(sign, 양수 또는 음수)로 예약되어 있고, 8비트는 지수로 예약되어 있으며 23비트는 일반적으로 가수로 예약되어 있습니다. 반면 정수의 규격은 이와 달리 이진법으로 표현하며,

비트 값은 오른쪽에서 왼쪽으로 2배씩 증가하고 가장 왼쪽 비트는 일반적으로 "부호"로 예약합니다.

따라서 정수값을 float32 값으로 변환하는 것은 "여기 비트가 있으니 float32 타입으로 처리하세요!"라고 말하는 것처럼 간단하지만은 않습니다. 비트 표시 규격을 정수에서 float32로 변경하라고 Go에 반드시 전달해야 합니다. 한편 변환하고자 하는 타입이 호환만 된다면 컴파일러와 CPU가 알아서 형변환을 잘 처리할 것이므로, 세부적으로 어떻게 동작하는지는 독자들이 이해할 필요는 없을 것입니다.

이제 작성했던 코드로 돌아가 보겠습니다. uint에서 float32로의 형변환이 명시적으로 작성되어 있습니다. C는 어떨까요? C 언어에서는 명시적인 형변환 없이도 위와 유사한 코드를 문제없이 컴파일할 수 있습니다. 하지만 그 코드는 안전할까요? 아마도 극소수의 C 개발자만이 눈에 보이지 않는 연산을 파악할 수 있을 것입니다. 따라서 이런 명확하지 못한 부분은 대부분 코드의 오류 발생 가능성을 높입니다.

따라서 Go 코드는 이러한 명확한 규칙 덕분에 매우 간결해질 수 있고 안정성도 매우 높습니다. 그리고 아까 말했듯이 이것은 Go가 매우 중요하게 생각하는 부분입니다.

이제 함수로 다시 돌아가 호출을 시도해 봅니다.

```
valueOfPi(2)
```

실제 프로그램에서는 다음과 같이 사용됩니다.

코드 2.13 곱하는 기능이 추가된 새로운 valueOfPi 함수 호출하기

```
func main() {
    fmt.Println(valueOfPi(2)) // (2 * Pi 값)을 출력
}
```

전달하고자 하는 인자가 여러 개인 경우는 함수를 선언할 때나 호출할 때 모두 콤마를 구분자로 사용하면 됩니다. 다음 코드는 pi에서 부호 있는 정수를 빼고 음이 아닌 정수를 곱합니다.

코드 2.14 operateOnPi 구현하기

```
func operateOnPi(multiplier uint, offset int) float32 {
    return (3.14159 - float32(offset)) * float32(multiplier)
}
```

함수 시그니처에는 변화가 없다는 것을 눈여겨 보세요. 괄호 안의 인자들이 콤마로 구분되어 있고, 그 옆에 순서대로 타입 정보가 공백으로 떨어져 나열되어 있을 뿐입니다. 해당 함수 호출을 위해서는 코드 2.15와 같이 전달하고자 하는 두 개의 인자를 콤마 구분자로 작성해 주기만 하면 됩니다.

코드 2.15 새로운 OperateOnPi 함수 호출

```
func main() {
    fmt.Println(operateOnPi(2, 1)) // (3.14159 - 1) * 2
                                   // 결과에 해당하는 값 출력
}
```

조금 전에 배운 변수 관점에서 다시 생각해 보겠습니다. 변수를 초기화할 때 다음과 같이 코드를 작성했었습니다.

```
<name> := [expression that resolves to the value you'd like to store]
```

오른쪽의 이 식은 저장하고 싶은 값을 반환하는 함수 호출일 수도 있고, 다른 변수일 수도 있고, 문자일 수도 있습니다. 원하는 값에 해당하는 모든 것이 이 표현식에 적용될 수 있으므로 다음과 같이 나타낼 수 있을 것입니다.

```
var <name> <type>
<name> = [expression that resolves to the above <type>]
```

따라서 우리가 만든 함수를 호출하여 그 값을 변수에 저장하려는 경우에는 다음과 같이 작성합니다.

```
tau := operateOnPi(2, 0)
```

이제 이 변수는 tau의 값을 가지고 있습니다. 하지만 아직 할 일이 남았습니다. 만약 여러 개의 값을 반환하려면 어떻게 작성해야 할까요? 이름과 나이 모두 반환하는 함수를 만든다고 하면, 어떻게 다뤄야 할까요? 여기 예시를 준비했습니다.

```
func nameAndAge(uid int) (string, int) {
    switch uid {
    case 0:
        return "Baheer Kamal", 24
    case 1:
        return "Tanmay Bakshi", 16
    default:
        return "", -1
    }
}
```

이 함수는 switch 문을 사용하여 전달받은 ID와 일치하는 사용자의 이름과 나이를 반환합니다. 함수 시그니처가 약간 바뀐 곳을 살펴보면, 인자를 포함한 함수의 이름과 코드 블록 사이에 단 한 가지 종류의 타입 정보가 있었던 것과 다르게 이번에는 콤마로 구분된 여러 개의 타입 정보가 괄호 안에 나열된 것을

확인할 수 있습니다.

함수가 반환되는 시점에선 괄호를 사용하지 않고, 반환된 값이 적용될 각각의 표현을 콤마 구분자로 나열하면 됩니다. 이 코드에선 해당 표현들이 모두 문자지만 꼭 그래야 하는 건 아니라는 점을 알아 두세요.

이런 형태의 함수를 사용하는 것은 여러분이 기존에 어떤 언어를 배웠었는지에 따라 다소 덜 직관적으로 보일 수도 있겠습니다. 아마도 Go가 튜플[12]과 같은 타입을 반환하는 것으로 보일 수도 있지만, 전혀 그렇지 않습니다. 이것은 실제로 두 개의 개별 값을 반환하는 것이므로 아래와 같이 작성하면 컴파일할 수 없습니다.

```
user := nameAndAge(0)
```

컴파일이 실패하는 이유는, 오른쪽 표현이 두 개의 값을 반환할 것으로 보이는데도 := 연산자 왼쪽에 하나만 있기 때문입니다. 따라서 함수가 요구하는 대로 왼쪽에 콤마로 구분된 두 개의 변수를 작성하면 문제를 해결할 수 있습니다.

```
userName, userAge := nameAndAge(0)
```

여기서 주의할 점 한 가지는 := 연산자 왼쪽에 새로운 변수가 하나 이상 존재한다면 := 연산자를 반드시 사용해야 한다는 점입니다. 다음 예시를 보세요.

```
var userName string
userName, userAge := nameAndAge(0)
```

userAge는 기존에 선언된 userName과 달리 새로운 변수에 해당하므로 정상적으로 동작합니다. 그러나 다음 코드에서는 두 개의 변수가 이미 모두 선언된 상황입니다.

```
var userName string
var userAge int
userName, userAge = nameAndAge(0)
```

이 경우에는 반드시 = 연산자를 사용해야 하며 := 연산자는 사용할 수 없습니다. 그런데 만약 이름은 필요하지 않고 나이만 필요한 프로그램을 작성하는 경우라면 어떨까요? 어떻게 반환 값을 무시하는지 이해하기 위해 다음 프로그램을 예로 살펴보겠습니다.

---

12 튜플(tuple): 셀 수 있는 수량의 순서 있는 열거입니다. 튜플은 다른 수학 개념들(예를 들어 벡터)를 나타내는데 자주 사용됩니다.

코드 2.16 한 개의 함수에서 여러 개의 값을 반환하기

```go
func nameAndAge(uid int) (string, int) {
    switch uid {
    case 0:
        return "Baheer Kamal", 24
    case 1:
        return "Tanmay Bakshi", 16
    default:
        return "", -1
    }
}

func main() {
    userName, userAge := nameAndAge(0)
    fmt.Println("User age:")
    fmt.Println(userAge)
}
```

문법적으로 문제가 없어 보이니까 컴파일해 봅니다! 그러면….

컴파일 에러….

왜일까요? 이유는 userName을 선언하고 사용하지 않아서입니다. 대부분의 프로그래밍 언어에서는 이러한 경우 경고만 표기하고 오류를 발생시키지는 않습니다. 그러나 Go에서는 컴파일 과정을 멈추고 코드를 반드시 수정해야 한다고 말합니다. 이것이 제1장에서 말한 "Go는 매우 엄격한 컴파일러를 가지고 있다"라는 의미입니다!

Go가 오류를 발생시킨 이유는 여러분이 변수를 만들어 선언하는 노력을 했음에도 불구하고 사용하지 않았기 때문인데, 이러한 동작이 버그로 느껴질 수도 있겠습니다. 필요하지 않은 변수이기 때문에 사용자가 해당 변수의 처리를 잊어버린 것뿐인데 오류를 발생시키고 있기 때문입니다. 이러한 오류를 방지하려면 밑줄을 쳐 컴파일러에게 무시하고 싶은 변수를 알려 주어야 합니다.

```go
func main() {
    _, userAge := nameAndAge(0)
    fmt.Println("User age:")
    fmt.Println(userAge)
}
```

이제 이 코드는 정상적으로 컴파일되고, 다음 결과를 출력할 것입니다.

24

또 한 가지 주의할 점은, 밑줄은 새로운 변수로 간주하지 않지만 userAge는 새 변수이므로 := 연산자를 사용해야 한다는 점입니다. 이미 userAge를 선언했다면 밑줄은 "새로운" 선언이 아니므로 다음과 같이 = 연산자를 사용해야 합니다.

```
func main() {
    var userAge int
    _, userAge = nameAndAge(0)
    fmt.Println("User age:")
    fmt.Println(userAge)
}
```

Go에서 함수를 사용할 수 있는 또 다른 방법은 해당 함수에 다른 함수를 전달하는 것입니다! 예를 들어, 다른 함수를 호출하는 함수가 필요하지만, 컴파일 타임에는 어떤 함수를 호출하는지 모른다면 어떨까요? 다음과 같이 작성할 수 있습니다.

코드 2.17 다른 함수에 함수 포인터 전달하기

```
func runMathOp(a int, b int, op func(int, int)int) int {
    return op(a, b)
}

func add(a int, b int) int { return a + b }
func sub(a int, b int) int { return a - b }
func mul(a int, b int) int { return a * b }
func div(a int, b int) int { return a / b }

func main() {
    a, b := 9, 6
    fmt.Println(runMathOp(a, b, add))
    fmt.Println(runMathOp(a, b, sub))
    fmt.Println(runMathOp(a, b, mul))
    fmt.Println(runMathOp(a, b, div))
}
```

runMathOp의 함수 시그니처를 먼저 확인해 보겠습니다. "op"라고 하는 인자를 갖고 있는데, 함수의 이름과 인자의 이름들 없이 타입만 존재하는 일반적인 함수와 비슷한 형태로 보입니다.

runMathOp 함수를 호출할 때 runMathOp에 선언한 함수 시그니처가 일치하기만 하면 파라미터를 전달하는 것처럼 add, mul과 같은 또 다른 함수를 전달할 수 있게 됩니다.

마지막으로 defer라고 하는 매우 강력한 기능을 배워보겠습니다. 사용자는 defer로 Go에 함수를 반환하기 전에 어떤 코드를 실행하라고 명령할 수 있습니다. 코드는 반환 표현이 준비된 후에 실행되지만, 그

시점은 실제 반환이 이루어지기 직전이라고 할 수 있습니다. defer를 사용하고 싶다면 다음 예시와 같이 해당 키워드 바로 다음에 호출되어야 하는 함수를 간단히 작성하기만 하면 됩니다.

```go
package main

import (
    "fmt"
)

func test(x int) int {
    defer fmt.Println(x)
    y := x + 1
    fmt.Println(y)
    return y
}

func main() {
    test(5)
}
```

println(x)는 함수 호출이며 이 호출은 test 함수 내의 defer 키워드로 전달됩니다. 따라서 println(x)의 결과는 test 함수가 반환하기 직전까지 실행되지 않으며, 다음과 같이 출력됩니다.

```
6
5
```

여러분은 defer를 사용하여 인라인으로 새 함수를 정의하고 다음과 같이 인라인으로 호출할 수도 있습니다.

코드 2.18 defer에 함수를 인라인으로 정의하고 호출하기

```go
package main

import (
    "fmt"
)

func test(x int) int {
    defer func() {
        fmt.Println("this is being called from an inline function")
        fmt.Println("I can put multiple expressions inside of here!")
        z := x - 1
        fmt.Println(z)
    }()
    y := x + 1
```

```
        fmt.Println(y)
        return y
}

func main() {
    test(5)
}
```

위 코드에서는 인라인 함수 정의와 함께 9번째 줄의 두 개 괄호를 이용하여 호출까지 진행하므로 defer 가 유효하게 적용될 수 있습니다. 이 코드를 실행하면 이런 결과가 나옵니다.

```
6
this is being called from an inline function
I can put multiple expressions inside of here!
4
```

지금까지 함수에 관한 기본적인 사항을 모두 배웠습니다. 이제는 잠시 Go에서 지원하지 않는 함수인 제네릭[13]에 대해 얘기해 보겠습니다.[A]

제네릭은 이를 지원하는 Java와 C++ 같은 언어에서 가장 사랑받는 기능 중 하나입니다.

예를 들어, Swift와 Julia에서 여러분은 제네릭을 써서 코드의 양은 최소화하는 동시에 가독성과 유연성 이 뛰어나도록 구현할 수 있습니다. 또한 변수를 사용할 때 타입을 덜 신경 쓰도록 도와줍니다(덕 타이 핑을 지원하는 Python과 같은 언어를 비교 대상으로 삼는 것은 적절하지 않아 생략합니다).

그러나 아쉽게도 이 기능은 현재 Go 팀에서 제작 중입니다. 따라서 Go 차기 버전에서 컴파일 가능할 다음의 코드를 먼저 살펴보겠습니다.

```
func Print[type T](s []T) {
    for _, v := range s {
        fmt.Print(v)
    }
}
```

이 코드는 복잡해 보일 수 있지만 실은 매우 간단합니다. 이해를 돕기 위해 정수형 배열에 포함된 모든 요소를 출력하는 함수를 작성한다고 아래와 같이 가정해 봅시다.

---

13   제네릭 프로그래밍(generic programing): 데이터 형식에 의존하지 않고, 하나의 값이 여러 다른 데이터 타입들을 가질 수 있는 기술에 중점을 두어 재사용성을 높일 수 있는 프로그래밍 방식

A   Go는 이 책이 집필된 이후 버전인 1.18부터 제네릭 기능을 지원합니다. 자세한 사항은 https://go.dev/doc/tutorial/generics에서 확인할 수 있습니다.

```
func Print(s []int) {
    for _, v := range s {
        fmt.Print(v)
    }
}
```

위 코드는 문제없이 동작할 것 같습니다. 이번엔 string에서도 동일하게 적용하기 위해 다음과 같이 작성해 봅시다.

```
func Print(s []string) {
    for _, v := range s {
        fmt.Print(v)
    }
}
```

만약 다양한 크기의 int형, float형, unsigned int형 등에도 적용하고 싶다면 어떻게 할까요? 많은 코드가 반복되어야만 하는 정말 재미없는 작업이 될 것입니다. 따라서 다음의 제네릭 버전 함수를 살펴보도록 합시다.

```
func Print[type T](s []T) {
    for _, v := range s {
        fmt.Print(v)
    }
}
```

이제 모든 종류의 배열을 전달할 수 있으며, 전체 요소를 출력할 수 있게 되었습니다! 또 컴파일 시점에 모든 호출과 연산이 파악되므로 값이 고정되지 않은 다형적 특성으로 인한 런타임 오버헤드도 존재하지 않습니다. 다만, Go는 처음부터 제네릭을 염두에 두고 설계된 언어가 아니므로, 일부 기능은 제네릭이 없다는 점을 극복하기 위해 만들어진 일종의 "반창고" 같을 수 있다는 점을 기억해 둡시다.

예를 들어, Go에서는 같은 타입의 변수 두 개를 받아 이 중 작은 값을 반환하는 함수를 다음과 같이 작성할 수 있습니다.

```
type numeric interface {
    type int, int8, int16, int32, int64, uint, uint8, uint16, uint32, uint64, float32,
    float64
}

func min(type T numeric)(a T, b T) T {
    if a < b {
```

```
        return a
    }
    return b
}
```

반면 코어에서부터 제네릭을 기반으로 구축된 Swift와 같은 언어에서는 다음과 같이 작성할 수 있습니다.

```
func min<T: Comparable>(a: T, b: T) -> T {
    a < b ? a : b
}
```

이 코드는 기본적으로 다음과 같이 해석할 수 있습니다.

"T라는 타입이 있다고 합시다. 그리고 이 T는 'Comparable' 프로토콜을 준수해야만 합니다. 이 말은 T 타입의 크기를 비교할 수 있는 연산자가 이미 구현되어 있다는 의미입니다. 그리고 함수는 T 타입 두 개의 인자 a와 b를 취하고, T 타입의 값을 반환하는 형태로 구성되어 있습니다. a가 b보다 작으면 a를 반환하고, 그렇지 않으면 b를 반환합니다."

기본적으로, 다른 많은 타입이 이미 Comparable 프로토콜을 따르고 있으며, 여러분의 자체 클래스, 구조체들도 해당 프로토콜을 준수하도록 할 수 있습니다.

이러한 비교를 통해 Go 코드의 모습이 세련되지는 않더라도, 필요한 업무 수행이 가능하며 원활하게 잘 동작할 수 있다는 것을 확인했습니다.

2.2.7 구조체

Go는 객체 지향 프로그래밍 언어가 아닙니다. 따라서 "클래스" 또는 "객체"의 개념이 존재하지 않으며, 모든 것을 값으로 간주합니다. 심지어 참조조차 값으로 취급하는데, 해당 값의 포인터를 의미한다는 말입니다.

따라서 프로그래머가 많은 관련 데이터를 저장하는 데 도움을 주기 위해 Go에는 구조체라는 개념이 존재합니다. 구조체를 사용하면 일부 데이터들을 연속적인 메모리 블록에 저장할 수 있습니다. 이전에 살펴본 이름과 나이 예시를 구조체로 나타내 보겠습니다.

```
type User struct {
    Name string
    Age int
}
```

여기서 User의 바이트 크기는 "string의 바이트 크기 + int의 바이트 크기"입니다. 이러한 변수의 바이트는 형태 그대로 메모리에 순차적으로 하나씩 배치됩니다.

새로운 구조체의 사용은 다음과 같은 문법을 이용하면 됩니다.

```
myUser := User{"Kathy", 18}
```

그리고 "." 연산자를 이용해서 구조체에 포함된 각각의 데이터를 간단히 출력할 수 있습니다.

```
fmt.Println(myUser.Name)
fmt.Println(myUser.Age)
```

이제 구조체를 이용한 프로그램을 살펴보겠습니다. 함수를 배울 때 썼던 예제에 구조체를 적용합니다.

코드2.19 구조체를 이용하여 여러 개의 반환 값 변경하기

```
type User struct {
    Name string
    Age int
}
func nameAndAge(uid int) User {
    switch uid {
    case 0:
        return User{"Baheer Kamal", 24}
    case 1:
        return User{"Tanmay Bakshi", 16}
    default:
        return User{"", -1}
    }
}

func main() {
    user := nameAndAge(1)
    fmt.Println("User age:")
    fmt.Println(user.Age)
}
```

위 코드에서 확인할 수 있는 것처럼 구조체 타입을 다른 타입들과 같은 방식으로 사용할 수 있습니다. 그러나 구조체는 참조 타입이 아닌 값 타입이라는 점을 기억해야 합니다. 이 사실을 정확히 인지하지 못한다면 사용자가 예상하지 못한 결과를 만날 수도 있다는 점을 다음 코드를 보며 머릿속에 새겨 두세요.

코드 2.20 함수에 인자로 전달된 구조체의 변화

```
func incrementAge(user User) {
    user.Age++
    fmt.Println(user.Age)
}

func main() {
    kathy := User{"Kathy", 19}
    incrementAge(kathy)
    fmt.Println(kathy.Age)
}
```

위 코드는 아래와 같이 출력됩니다.

```
20
19
```

이러한 결과가 나타난 이유는 age를 증가시키는 함수가 단순히 User 타입만을 갖기 때문입니다. 즉, Go는 구조체의 복사본을 만들고 해당 복사본에 함수를 전달합니다. 함수는 해당 복사본을 수정하고 age를 출력한 이후, 스코프를 벗어나며 복사본을 삭제합니다. 따라서 main 함수에서는 한 번도 수정된 적이 없는 원래의 "kathy" age가 그대로 출력됩니다.

만약 구조체 혹은 다른 값을 수정하려는 함수를 작성하길 원한다면, 해당 함수에 참조를 전달해야만 합니다. C 프로그램을 작성해 보았다면 어색하지 않을 다음 코드를 살펴보겠습니다.

코드 2.21 함수에 포인터로 전달된 구조체의 변화

```
func incrementAge(user *User) {
    user.Age++
    fmt.Println(user.Age)
}

func main() {
    kathy := User{"Kathy", 19}
    incrementAge(&kathy)
    fmt.Println(kathy.Age)
}
```

이전 코드와 비교해서 단 두 가지 변경 사항만 있다는 점에 주의를 기울여 보세요. 먼저 incrementAge 함수의 타입 정보(type annotation)가 User에서 참조를 나타내는 *User로 변경되었습니다. 그리고 main 함수에서 incrementAge를 호출하는 부분에서, kathy가 아닌 "&" 연산자가 추가된 kathy를 통해 해당 참조를 함수에 전달합니다.

이 코드를 실행하면 다음과 같은 결과가 나옵니다.

```
20
20
```

빙고! 그러나 여기서 한 가지 지적하고 싶은 점은 이것은 포인터가 아니라는 사실입니다. 아무리 독자분들의 C-본능이 포인터라고 외치고 있더라도 말이죠. 이것은 Go에서 처리하는 참조입니다. 따라서 age 속에 접근하기 전에 함수 내에서 포인터를 역참조할 필요가 없습니다. 기존에 만든 다음 코드들을 떠올려 보세요.

```
fmt.Println(user.Age)
```

반면에 C에서는 다음과 같이 작성해야 합니다.

```
printf("%d\n", user->age);
```

혹은

```
printf("%d\n", *user.age);
```

이미 알아차린 분도 있겠지만 C에서는 포인터를 직접 역참조하는 경우가 아니라면 "." 연산자를 사용할 수 없습니다. "->" 연산자를 사용해서 자동으로 역참조될 수 있게 해야 합니다. 그러나 다행히도 Go에서는 포인터가 아닌 참조이기에 이러한 제한이 존재하지 않습니다.

Go에서 구조체로 할 수 있는 또 한 가지 일은 바로 구조체에 함수를 할당하는 것입니다! 예를 들어 user 구조체를 위해서 "Baheer Kamal is 24 years old!"와 같은 예쁜 문자열을 반환할 수 있는 간단한 함수가 필요하다면 어떻게 할까요? 다음과 같이 작성하면 됩니다.

```
func (user User) prettyString() string {
    return fmt.Sprintf("%s is %d years old!", user.Name, user.Age)
}
```

함수 시그니처가 한 가지 주요한 방식으로 변경되었음을 알 수 있습니다. "func" 키워드와 함수 이름 사이에 괄호로 싸인 형태의 새로운 인자 이름과 타입이 존재하도록 바뀌었습니다.

이 함수는 Go에게 "user 구조체 위에 인스턴스 메서드를 만들고 해당 인스턴스를 'user'라는 이름의 함수에 전달해"라고 지시합니다. 이 함수는 다음과 같이 호출할 수 있습니다.

```
func main() {
    kathy := User{"Kathy", 19}
    fmt.Println(kathy.prettyString())
}
```

이 코드는 아래 결과를 출력합니다.

```
Kathy is 19 years old!
```

이제 몇 가지 추가 연습을 위해 incrementAge 함수를 인스턴스 메서드로 이식해 보겠습니다.

코드 2.22 값 리시버를 이용한 구조체 변화

```
func (user User) incrementAge() {
    user.Age++
    fmt.Println(user.Age)
}

func main() {
    kathy := User{"Kathy", 19}
    kathy.incrementAge()
    fmt.Println(kathy.Age)
}
```

아주 보기 좋아졌습니다. 실행하면 결과는 다음과 같습니다.

```
20
19
```

인스턴스 메서드가 구조체를 업데이트하지 않은 이유는 무엇일까요? 함수 형태를 다시 살펴보면 *User 가 아닌 User가 작성되었고, 구조체의 복사본이 전달되었음을 알 수 있습니다. 이번에는 "포인터 리시버(pointer receiver)"로 해결해 봅니다.

코드 2.23 포인터 리시버를 이용한 구조체 변화

```
func (user *User) incrementAge() {
    user.Age++
    fmt.Println(user.Age)
}

func main() {
    kathy := User{"Kathy", 19}
    kathy.incrementAge()
    fmt.Println(kathy.Age)
}
```

함수를 사용할 때 User에 대한 참조가 전달될 수 있도록 함수 시그니처가 변경되었지만, 함수를 호출하는 부분에는 어떤 변화도 없음을 알 수 있습니다.

위 코드는 다음과 같은 결과를 출력합니다.

```
20
20
```

지금까지 Go 구조체에 대한 기본 사항을 배웠습니다. 물론 Reflection과 같이 아직 조금 더 배워야 하는 사항들은 다음 장에서 다루게 될 것입니다.

2.2.8 인터페이스

Go에는 Java의 인터페이스나 Swift의 프로토콜과 유사한 "인터페이스"라는 것이 존재합니다(그러나 이 기능도 몇몇 제한 사항이 있다는 점을 알아 두세요. 다시 말하지만, Go는 매우 "클래식"한 언어입니다).

인터페이스를 사용하면, 구조체를 이용하는 함수의 그룹들을 직접 구현체(implementation)에 연결하지 않고도 정의할 수가 있습니다. 이 말이 어떤 의미인지 알아보기 위해, "Living" 인터페이스에서 사용되는, 인자와 반환 값이 모두 없는 incrementAge라는 함수가 필요합니다"라고 가정해 봅시다.

먼저 인터페이스를 제외한 다음의 구조체를 살펴보겠습니다.

코드 2.24 인터페이스가 없는 구조체

```go
type Person struct {
    Name string
    Age int
}

type Dog struct {
    Name string
    Owner *Person
    Age int
}

func (person *Person) incrementAge() {
    person.Age++
}

func (person *Person) getAge() int {
    return person.Age
}
```

```
func (dog *Dog) incrementAge() {
    dog.Age++
}

func (dog *Dog) getAge() int {
    return dog.Age
}
```

 NOTE

예리한 독자라면 위 코드에서 "실수"가 있다는 것을 알아차렸을 것입니다. 바로 getAge() 함수에 "포인터 리시버"가 있다는 것입니다(즉, 연결하려는 구조체의 타입 정보가 Dog이 아닌 *Dog으로 표기되어 있습니다). 실제로 변경할 부분이 보이지 않는데 왜 포인터가 필요한 걸까요? 잠시 후에 알게 될 것입니다.

이제 사람인지 개인지 상관없이 incrementAge를 호출하여 age를 출력할 수 있는 함수를 원한다면, 어떻게 작성할 수 있을까요? 종을 추상화하는 것이 가능할까요?

우리는 완전한 매개변수의 다형성이 필요하지 않고, 그냥 인터페이스가 필요할 뿐입니다. 예를 들어, 이런 인터페이스를 구현할 수 있습니다.

코드 2.25 두 개의 구조체를 표준화하는 인터페이스

```
type Living interface {
    incrementAge()
    getAge() int
}
```

위 코드는 Go에게 "만약 어떤 구조체가 이 두 개 함수에 구현되어 있다면 Living이라는 이름으로 그것을 참조하고, Living 인터페이스에 정의된 기능만 있다고 생각해"라고 말하고 있습니다. 따라서 다음과 같은 함수를 작성할 수 있습니다.

코드 2.26 인터페이스에 맞는 구조체의 인스턴스로 변경하는 함수

```
func incrementAndPrintAge(being Living) {
    being.incrementAge()
    fmt.Println(being.getAge())
}
```

해당 함수의 호출은 다음과 같이 가능합니다.

코드 2.27 두 개의 구조체 인스턴스로 incrementAndPrintAge 호출하기

```
func main() {
    harley := Person{"Harley", 21}
    snowy := Dog{"Snowy", &harley, 6}
    incrementAndPrintAge(&harley)
    incrementAndPrintAge(&snowy)
}
```

잠시 후에 Go 컴파일러의 사고 과정을 통해 세부 사항을 자세히 살펴볼 예정이니, 당장 코드들에 대해서 너무 어렵게 생각하지 않았으면 합니다. 결과가 다음과 같이 정상적으로 출력되었다면 일단 기뻐해도 좋습니다.

```
22
7
```

이제 어떻게 이런 결과가 가능한지 살펴보겠습니다!

먼저 incrementAge 함수와 getAge 함수 모두 실제 값이 아닌 포인터 값을 취하고 있다는 점에 주목해야 합니다. 즉, Person과 Dog은 incrementAge와 getAge 함수가 존재하지 않고, 대신 참조 타입인 *Person과 *Dog에 함수가 구현된 것입니다.

이제 인터페이스를 다시 살펴봅니다.

```
type Living interface {
    incrementAge()
    getAge() int
}
```

인터페이스에는 "이 두 가지 함수를 구현하는 모든 타입을 Living 타입이라고 할 수 있습니다."라고 표시되어 있습니다. 또 Person과 Dog가 아닌 *Person과 *Dog로 구현한다는 것도 알고 있습니다. 따라서 incrementAndPrintAge 함수를 호출할 때 변수를 다음과 같이 직접 전달하면,

```
incrementAndPrintAge(harley)
incrementAndPrintAge(snowy)
```

변수의 타입이 Living 인터페이스를 쓰는 해당 함수를 구현하지 않기 때문에 오류가 발생합니다. 따라서 이번엔 참조를 전달해 보겠습니다.

```
incrementAndPrintAge(&harley)
incrementAndPrintAge(&snowy)
```

Person과 Dog가 아닌 인터페이스와 일치하는 *Person과 *Dog를 전달합니다.

이는 잠재적으로 "인터페이스의 함수는 모두 포인터 리시버이거나, 모두 값 리시버입니다. 중간은 없습니다."라고 증명해 줍니다.

아마도 여러분은 최적(optimal)이 아닌 것으로 보이는 이러한 상황이 왜 발생하는지 궁금할 것입니다. 이를 알아보기 위해 getAge() 함수에서 참조 타입을 값 타입으로 변경합니다.

```
func (person Person) getAge() int {
    return person.Age
}

func (dog Dog) getAge() int {
    return dog.Age
}
```

이제 우리의 타입이 알맞은지 확인해 보면, 안타깝게도 Dog와 Person은 incrementAge를 제외하고 오직 getAge만 구현하고 있으므로 여전히 Living에 맞지 않습니다. 반대로 *Dog와 *Person은 getAge를 제외하고 incrementAge만 구현하고 있으므로 똑같이 Living에 적합하지 않습니다. 이제 무엇이 문제인지 조금 보일 것입니다. 현재 이 코드에서는 어떤 타입도 Living과 맞지 않습니다!

이와 같은 이유로 우리의 인터페이스는 본질적인 부분에서 쓸모없게 되었습니다.

Go가 이러한 상황을 처리할 수 있는 더 나은 방법이 분명히 생기겠지만, 아직은 인터페이스의 함수 하나라도 포인터 리시버가 필요하다면 함수 모두 포인터 리시버가 있어야 합니다.

2.2.9 오류

Go에는 오류를 처리하는 다소 독특한 방법이 있습니다. 인기 있는 언어 대부분은, 함수가 오류를 "던지고(try)" 호출자가 해당 오류를 "잡는(catch)" 방식으로 처리합니다. 이 방식은 Go에서도 가능은 하지만 일반적이지 않고 권장되지 않습니다. Go에서는 error라고 하는 타입을 반환하는 것을 권장합니다.

error는 근본 타입(underlying type)이 단일 함수(single function)를 구현하기만 하는 인터페이스입니다. 인자가 없는 이 함수는 Error라고 하며, 사람이 읽을 수 있는 문자열로 표현된 오류를 반환합니다. error 인터페이스의 정의는 다음과 같습니다.

```
type error interface {
    Error() string
}
```

여러분은 자신만의 오류 타입을 간단하게 구현할 수도 있습니다.

```
type errorString struct {
    s string
}
func (e *errorString) Error() string {
    return e.s
}
```

errorString 구조체는 error 인터페이스를 따르고 있으므로, 여러분이 정의한 함수에서는 이것을 error 형태로 반환할 수 있습니다. 그런데 만약 위와 같은 구성 대신, error 구조체를 그냥 만들고 여러분이 만든 함수에서 해당 error를 문자열로 직접 다루는 건 안 되는 걸까요?

사실 답은 간단합니다. 바로 오류가 복잡하기 때문입니다. 예를 들어 HTTP 리퀘스트를 수행하는 함수에서 오류가 발생했다고 가정해 보겠습니다. 오류가 발생하는 지점은 여러 군데일 수 있고, 방화벽 혹은 인터넷 연결이 불안정하여 리퀘스트가 도달하지 못할 수도 있습니다. 서버 자체의 오류로 인해 응답 코드 500(Internal Server Error)을 수신할 수도 있습니다!

따라서 Go는 오류 항목을 문자열로 단순화하는 대신, 사용자가 정의한 오류 정보를 포함하는 고유한 오류 구조체를 정의할 수 있도록 합니다. 그러면 여러분은 이해할 수 있는 문자열을 반환하기 위한 Error() 함수를 구현할 수 있게 되고, 이 함수로 원하는 곳을 디버그하며 런타임 오류를 출력할 수 있습니다. 이를 통해 여러분은 HTTP 응답 코드와 같은 다른 콘텐츠를 활용하여 자신만의 문자열 구성도 가능합니다.

오류 처리에 대한 일반적이지 않은 접근 방식으로 인하여 다소 세련되지 않은 코드가 생성될 수도 있겠지만, 알 수 없는 오류로 발생할 수 있는 크래시를 감소시키는 데 큰 도움이 됩니다. 이제 실제 함수에서 error를 사용하는 예시를 살펴볼 것입니다.

Go의 표준에 따르면 새로운 종류의 오류는 전역 변수로 정의해야 합니다. 이렇게 하면 패키지 외부의 코드에서 반환된 오류를 보다 효과적으로 보고, 확인하고, 처리할 수 있게 됩니다.

다음 예시에서 우리는 error 패키지를 사용하여 DivisionByZero 오류를 생성해 볼 것입니다. Divide 함수를 정의하고 숫자를 0으로 나누도록 하여 커스텀 에러를 반환하는 구성입니다.

다음 장에서 모듈의 작동 방식을 자세히 알아볼 예정이므로, 두 번째 줄의 error 모듈을 임포트하는 코드에 대해서는 깊게 다루지 않겠습니다. 현재로서는 간단한 오류를 정의할 수 있는 기능을 제공한다는 사실만 알면 됩니다.

코드 2.28 간단한 DivisionByZero 오류

```go
package main

import (
    "errors"
    "fmt"
)

var DivisionByZero = errors.New("division by zero")

func Divide(number, d float32) (float32, error) {
    if d == 0 {
        return 0, DivisionByZero
    }
    return number / d, nil
}

func main() {
    n1, e1 := Divide(1, 1)
    fmt.Println(n1)
    if e1 != nil {
        fmt.Println(e1.Error())
    }
    n2, e2 := Divide(1, 0)
    fmt.Println(n2)
    if e2 != nil {
        fmt.Println(e2.Error())
    }
}
```

위 코드는 다음과 같은 결과를 출력합니다.

```
+1.000000e+000
+0.000000e+000
division by zero
```

결과에서 보는 것처럼, 첫 번째 나누기는 정상 수행되지만 두 번째는 오류를 반환합니다.

프로그램 동작 중에는 늘 예상하지 못한 일들이 발생하며 이로 인한 문제가 언제든 나타날 수 있습니다. 이러한 문제들은 try/catch 블록을 통해 포착되고, 처리를 시도해 보는 것이 일반적인 방식입니다.

Go에서는 Java와 C++과 같은 언어와는 조금 다른 방식으로 해당 기능을 지원합니다.

예상치 못한 오류가 발생하면 Go에서는 패닉[14]을 발생시키고 프로그램을 종료합니다. 또 일부 패키지에서는 예상하지 못한 동작으로도 패닉이 발생될 수 있습니다. 그리고 이러한 패닉과 함께 리커버(recover)라고 하는 개념이 존재하는데, 이 함수는 패키지나 언어에서 발생한 모든 패닉을 잡을 수 있습니다.

구체적으로 함수 스택(function stack), 패닉, 리커버는 다음과 같이 동작합니다. 먼저 패닉이 발생한 함수는 그 즉시 반환됩니다. 단, defer가 존재할 때는 그전에 정의된 동작을 수행합니다. 그리고 해당 함수를 호출한 함수 또한 즉시 반환되고, 이러한 과정이 반복되며 호출 스택의 가장 루트(root)인 프로그램을 호출한 곳까지 도달하게 됩니다.

여기서도 각 함수에 defer가 존재한다면 반환 직전에 정의된 동작을 합니다. 이때 사용자는 이러한 defer 블록에 리커버 함수를 호출하도록 정의하여 반복되는 함수 반환을 멈추고, 호출 스택의 제일 위에서부터 내려온 오류를 처리할 수 있습니다. 만약 리커버를 호출하지 않아 반환 루트에 도달하면, 프로그램은 크래시가 발생하고 Go는 오류를 출력하게 됩니다.

조금 더 명확한 설명을 위해 다음 코드를 따라가 보겠습니다.

코드 2.29 패닉의 동작: 단일 함수 호출

```
package main

import (
    "errors"
    "fmt"
)

var SampleError = errors.New("This is a test error")

func testRecover() {
    defer func() {
        if recover() != nil {
            fmt.Println("got an error!")
        } else {
            fmt.Println("no error")
        }
    }()
    panic(SampleError)
```

---

14 다른 언어의 try-catch문과 비슷하게 go에서는 defer, panic, recover 패턴을 이용해서 발생하는 예외 상황을 제어할 수 있습니다.

```
        fmt.Println("Hello!")
}

func main() {
    testRecover()
}
```

testRecover 함수에서 가장 먼저 한 일은 단순히 리커버 함수를 실행하고 그 반환 값이 nil이 아닌지 확인하는 defer 함수를 정의한 것입니다. 만약 반환 값이 nil이 아니라면 패닉이 있었다는 사실 확인과 함께 의도한 결과를 출력할 것이고, nil이라면 어떤 오류도 없었다는 의미이므로 정상적인 함수 반환 직전에 defer가 호출될 것입니다. 그리고 이때 리커버는 이미 호출이 되었으므로 패닉이 처리되어, 해당 패닉이 testRecover를 호출한 main까지 전해지지 않게 됩니다.

위 코드를 실행하면 다음과 같이 출력될 것입니다.

```
got an error!
```

만약 패닉을 주석 처리하면 다음과 같은 결과를 볼 수 있습니다.

```
Hello!
no error
```

이번에는 코드를 다음과 같이 변경해 봅니다.

코드 2.30 패닉의 동작: 두 개의 함수 호출

```
package main

import (
    "errors"
    "fmt"
)

var SampleError = errors.New("This is a test error")

func testPanic() {
    panic(SampleError)
    fmt.Println("Hello from testPanic!")
}

func testRecover() {
    defer func() {
        if recover() != nil {
            fmt.Println("got an error!")
```

```
        } else {
            fmt.Println("no error")
        }
    }()
    testPanic()
    fmt.Println("Hello from testRecover!")
}

func main() {
    testRecover()
}
```

위 코드에서는 testPanic 내에서 패닉이 처리되지 않아 testRecover로 전달되고, testRecover는 정의된 출력 메시지를 수행하지 못하고 바로 반환됩니다. 이때 해당 함수 내에는 리커버가 정의된 defer가 존재하여 실행되고, 이를 통해 패닉이 main으로 전파되는 것을 막을 수 있습니다. 그리고 이것은 호출 스택의 루트로 패닉이 전파되는 것을 막았으며, 이는 프로그램을 문제없이 처리할 수 있음을 의미합니다.

결론적으로 패닉과 리커버의 동작은 다음을 출력합니다.

```
got an error!
```

지금까지 Go 프로그래밍으로의 여행에 도움이 될 기본적인 문법을 배웠습니다. 3장에서는 pathfinder, Game of Life와 같은 애플리케이션을 구축하며 심화 개념을 살펴볼 것입니다.

1 ▶ 상수 값이 실수로 혹은 의도적으로 변경되지 않게 하도록 Go가 사용하는 방법은 무엇인가요?

2 ▶ (a) Go가 컴파일 속도를 향상하기 위해 언어 기능과 타협한 예시 한 가지를 설명해 주세요.

　(b) Go가 효율성 향상을 목적으로 다른 프로그래밍 언어의 표준과는 다르게 만들어진 점 세 가지를 알려 주세요.

3 ▶ 변수와 변수에 대한 참조는 각각의 존재가 포함된 스코프가 종료되었을 때 어떻게 될까요?

4 ▶ 아래 코드에서 출력되는 i 값은 1024입니다. 만약 i 값을 출력하는 코드와 그 위의 중괄호 라인이 서로 교체되면 어떻게 될지 예측해 보고, 실험을 통해 결과를 확인해 보세요. 또 1, 2, 4, . . . , 512, 1024의 숫자들을 콤마 없이 한 줄로 출력되도록 프로그램을 수정해 보세요.

```
func main() {
    i := 1
    for i < 1000 {
        i += i
    }
    fmt.Println(i)
}
```

5 ▶ 코드 재사용이란 무엇인가요? 그리고 제2장에서 사용된 개념 중 코드 재사용에 도움이 되는 것은 무엇일까요?

6 ▶ 함수가 입력 인자 중 한 가지를 직접 변환하는 방법은 무엇일까요?

7 ▶ Go의 구조체는 Swift의 구조체, Swift 및 Java의 클래스와 어떻게 다를까요?

8 ▶ 사용자로부터 입력받은 숫자가 소수가 아니면 패닉을 발생시키고, 해당 숫자가 짝수면 리커버를 하여 '짝수는 소수가 아님'을 알리는 간단한 프로그램을 작성해 보세요. 단 2는 소수이므로 제외합니다.

MEMO

제3장

Go 모듈

3.1 빌트인 패키지 사용하기

3.2 서드파티 패키지 사용하기

3.2.1 저 소수인가요? 1

3.3 직접 만든 패키지 빌드하기

3.3.1 저 소수인가요? 2

제3장에 온 것을 환영합니다! 지금까지 Go의 기본적인 구성 요소들을 배운 여러분은 아마도 이제는 더 복잡한 애플리케이션을 구현할 시점이라고 느낄 수도 있습니다. 그러나 그 정도까지 도달하기 위해서는 먼저 규모가 큰 프로그래머 커뮤니티와 협업하는 방법을 익혀야 하고, 또 이를 위해서는 코드를 대규모로 배포할 수 있게 해 주는 패키지에 관한 내용(사용하고 생성하는 방법 등)을 반드시 익혀야만 합니다.

이 장을 마치면 다음의 질문에 답할 수 있습니다.

- 패키지는 무엇이며, 이것이 프로그래밍 언어의 생태계에 중요한 이유는 무엇인가요?

- 패키지 관리자(package manager)는 어떻게 작동하며, 대규모 응용 프로그램을 개발할 때 어떤 역할을 하나요?

- Go 모듈은 어떻게 구성되어 있을까요?

- 사용자의 앱에서 빌트인 모듈과 서드파티 모듈을 구축하는 방법은 무엇인가요?

- 자신만의 Go 모듈을 구축하는 방법은 무엇인가요?

대부분의 프로그래밍 언어에는 코드 배포를 가능하게 하는 "패키지 관리" 시스템이 구현되어 있습니다. 정상적으로 동작한다면, 프로그래머들을 더 효율적이고 협력적인 관계에서 작업을 수행할 수 있도록 해 줍니다. 이러한 시스템으로는 Python의 PIP, Swift의 Swift Package Manager, Ruby의 RubyGems, Go의 "Go 모듈" 등이 있습니다.

그리고 이 놀라운 패키지 생태계에 Go만의 동시성 및 빠른 컴파일 등의 기능이 함께하면, 훨씬 쉽고 재미있게 프로그래밍을 즐길 수 있습니다.

프로그래밍 언어는 사실 해당 언어가 제공하는 "패키지" 기능에 의해 정의된다고도 할 수 있습니다. 예를 들어 Python에는 "json", "urllib", "pickle", "os", "sys", "sqlite"와 같은 "표준 라이브러리(standard library)"로 확장하는 광범위한 빌트인 패키지 세트가 존재하며, 이것들은 대부분 최적화되어 있습니다.

사실 기술적 관점에서의 몇몇 단점들에도 불구하고, Python이 성공할 수 있었던 이유 중의 하나가 바로 패키지라고 할 수 있습니다. Python을 설치하기만 하면 위에 언급한 패키지들을 통해서 HTTP 요청을 수신할 수도 있고, JSON과 CSV 파일들을 파싱할 수도 있으며, 데이터를 디스크에 직렬화(serialize)하는 것도 가능하고, OS를 통제하거나 SQLite 데이터베이스를 사용할 수도 있습니다.

Python의 성공 요인을 하나 더 언급하자면, 빌트인 패키지를 통한 기본 기능 제공뿐 아니라 아주 손쉽게 자신의 패키지를 다른 사람에게 배포할 수 있고 동시에 다른 사람이 배포한 패키지를 편리하게 이용하는 방법을 제공한다는 점입니다. 만약 어떤 언어가 사용하기 매우 어렵다거나, 지나치게 중앙화되어 있거나, 제공하는 기능들이 해당 언어만 쓰는 기능들로 대부분 구성되어 있다면 사용자는 Java 혹은 iOS 이외의 플랫폼용 Swift의 이전 버전과 같이 지저분하고 너무 세분되어 버그가 많을 수밖에 없는 코드를 작성해야만 할 것입니다.

3.1 빌트인 패키지 사용하기

"OMDb" API를 통해 데이터를 가져오는 비교적 간단한 애플리케이션 코드를 제일 먼저 배워 보겠습니다. OMDb는 "The Open Movie Database"의 약자로서, 이름에서 알 수 있듯이 영화에 관한 광범위한 정보를 제공하며, 이 정보는 프로그래밍 방식으로 접근할 수 있습니다. "싸게 API 호출이 가능한 IMDb"라고 생각해도 좋습니다.

지금부터 우리는 영화 이름을 검색할 수 있는 간단한 프로그램을 구현해 보겠습니다. 이전에 학습한 것에 비해 조금 추가되는 내용이 있겠지만 잠시 후에 자세히 설명할 예정이므로 걱정하지 않아도 됩니다.

```
package main

import (
    "encoding/json"
    "errors"
    "io/ioutil"
    "net/http"
    "net/url"
    "strings"
)
```

코드의 첫 번째 줄은 우리가 작성하는 코드에 필요한 패키지를 Go에 말해 주는 역할을 합니다. 그리고 나서는 실제 임포트를 작성하며 패키지들을 명시하는데, 지금까지 사용했던 "fmt" 외에도 표 3.1과 같은 다양한 라이브러리가 사용되는 것을 확인할 수 있습니다.

패키지	사용 목적
encoding/json	JSON 객체를 인코드/디코드(그리고 마샬/언마샬하는 데 사용)
errors	오류를 생성(raise)하는 데 사용
io/ioutil	입력/출력 유틸리티(REST API에서 데이터 스트림을 읽는 데 사용)
net/http	HTTP 클라이언트 및 서버 구현(클라이언트 기능만 사용)
net/url	URL을 처리하는 유틸리티(HTTP URL 포함)
strings	문자열 유틸리티 구현

[표 3.1] OMDb 검색 앱에서 임포트하는 각 패키지들의 사용 목적

이 패키지들은 사용자가 원하는 로직을 구현할 수 있는 구성 요소들을 제공합니다.

 NOTE

> Go에서는 임포트했으면 반드시 사용해야 한다는 점에 유의하세요. 몇몇 다른 프로그래밍 언어에서는 임포트한 것을 사용하지 않더라도 문제가 없거나 경고 발생으로 끝나지만, Go에서는 오류이며 컴파일 자체가 불가능합니다. 빠른 속도와 안전을 위해서 Go는 사용하지 않은 임포트를 오류로 취급한다는 것입니다. 예를 들어, 꼭 필요한 기능을 실수로 구현하지 않았다면 오류를 통해 해당 실수를 파악할 수 있게 됩니다.

임포트 후에는 "APIKEY"라는 새로운 상수를 생성하여 API 키를 저장합니다. API key는 여러분이 누구인지를 파악하기 위한 것으로, 서비스 비율 제한(rate limiting), 권한(permissions), 청구 등에 사용할 수 있습니다.

```
// omdbapi.com API key
const APIKEY = "193ef3a"
```

코드를 계속 진행하기 전에 우리가 사용할 API에 관하여 잠시 얘기해 보자면, 앞으로 우리가 작성할, 영화 검색 기능이 구현될 두 개의 함수는 사용자에게 제공된 많은 API 엔드 포인트 중 두 개를 호출할 것입니다. 하나는 제목으로, 또 다른 하나는 영화 ID(IMDB에서 영화마다 붙이는 고유 식별자)로 검색을 구현합니다.

사용자는 이러한 엔드 포인트를 호출하여 특정 "사양"을 준수하는 객체가 포함된 JSON 응답을 받을 수 있습니다. 따라서 우리는 Go의 구조체에 같은 사양을 구현하여, JSON 문자열을 응답으로 받았을 때 Go가 해당 구조체에 JSON을 마샬(marshall)[15]하라고 지시해야 합니다.

우리가 만들 구조체는 다음과 같습니다.

```
// omdbapi.com에서 반환된 JSON 구조체
// 예시의 간략화를 위해 일부 값은
// 구조체에 매핑하지 않음

type MovieInfo struct {
    Title string `json:"Title"`
    Year string `json:"Year"`
    Rated string `json:"Rated"`
    Released string `json:"Released"`
    Runtime string `json:"Runtime"`
    Genre string `json:"Genre"`
    Writer string `json:"Writer"`
    Actors string `json:"Actors"`
    Plot string `json:"Plot"`
    Language string `json:"Language"`
    Country string `json:"Country"`
    Awards string `json:"Awards"`
    Poster string `json:"Poster"`
    ImdbRating string `json:"imdbRating"`
    ImdbID string `json:"imdbID"`
}
```

API에서 수신한 데이터가 몇 개 더 있지만 간결함을 위해 생략하기로 합니다. 또한 타입 정보 뒤에 백틱(backticks, `)으로 묶인, 그동안 소개하지 않은 문법이 해당 구조체에 포함된 것을 확인할 수 있습니다.

---

15 마샬링(marshalling): 한 객체의 메모리에서 표현방식을 저장 또는 전송에 적합한 다른 데이터 형식으로 변환하는 과정

```
Actors string `json:"Actors"`
```

이것은 JSON 문자열을 구조체로 마샬해야 할 때, "Actors" 키값을 이 변수("Actors" 문자열)에 배치해야 한다고 JSON 패키지에 알려 주는 역할을 합니다. 이를 통해 사용자는 구조체에 저장하는 변수 이름과 다른 JSON의 키 이름을 가질 수 있게 됩니다.

조금 더 이해하기 위해 2장에서 소개한 구조체를 떠올려 보겠습니다. 우리는 변수 이름과 타입 정보가 존재하는 단순한 버전의 구조체를 배웠습니다.

그리고 이러한 구조체에 한 가지 정보를 선택적으로 추가할 수 있는데, 이것을 "태그"라고 부릅니다. 태그에는 변수 및 코드의 다른 부분에서 사용자가 알아야 하는 추가 정보를 포함할 수 있으며, 위에서 살펴본 코드에서는 JSON 마샬링을 위해 JSON 키를 바로 이 태그에 작성했습니다.

이제 API를 통해 수신할 정보를 포함하는 구조체가 만들어졌으니, API를 호출하는 부분을 구현해 보겠습니다. 이를 위해 먼저 HTTP GET 요청을 API로 보내는 함수를 다음과 같은 로직으로 작성합니다.

```
func sendGetRequest(url string) (string, error) {
    resp, err := http.Get(url)
    if err != nil {
        return "", err
    }

    defer resp.Body.Close()
    body, err := ioutil.ReadAll(resp.Body)
    if err != nil {
        return "", err
    }

    if resp.StatusCode != 200 {
        return string(body), errors.New(resp.Status)
    }
    return string(body), nil
}
```

위 코드는 여러분이 지금까지 본 것 중에 가장 긴 함수이기 때문에 복잡해 보일 수도 있겠지만, 사실 동작하는 방식은 매우 간단합니다. 함수 시그니처를 살펴보며 설명을 시작하겠습니다.

```
func sendGetRequest(url string) (string, error)
```

url이라고 명시된 문자열을 단일 인자로 취하는 간단한 형태의 함수입니다. 해당 함수는 다음의 두 가지 값을 반환합니다.

1. 요청에 대한 응답을 담아낼 문자열
2. 요청 혹은 응답 파싱 과정에서 발생할 수 있는 오류 혹은 nil을 담아낼 error 타입

함수 시그니처 뒤에 본문이 따라나오고 있습니다. 이 함수는 우리가 처음 접하는 실제 함수이니 표 3.2를 보며 각 섹션별로 어떤 일을 하는지 하나하나 확인해 보세요.

코드	역할
```resp, err := http.Get(url)``` `if err != nil {` `return "", err` `}`	함수 인자를 통해 전달된 url을 http 모듈의 Get 함수에 전달하며, GET 요청을 수행합니다. 그런 다음 응답을 resp 및 err에 저장하고 err가 nil인지 확인합니다. 이때 만약 err가 nil이 아니라면, 명시된 오류와 함께 빈 응답을 반환합니다.
`defer resp.Body.Close()` `body, err := ioutil.` `ReadAll(resp.Body)` `if err != nil {` `return "", err` `}`	먼저 defer 부분은 "이 함수가 나중에 반환되기 전에, 응답에서 본문 입력 스트림을 반드시 종료해야 해"라고 말하는 것과 같습니다. 이어지는 코드는 io 패키지를 이용하여, 응답 본문으로부터 바이트를 읽어 들입니다. 이 부분 또한 오류가 발생할 수 있으며, 이 경우 위의 첫 번째 섹션과 유사한 로직으로 실행됩니다(오류가 있으면, 명시된 오류와 함께 빈 응답을 반환합니다).
`if resp.StatusCode != 200 {` `return string(body),` `errors.New(resp.Status)` `}`	상태코드를 확인하여 200(정상)이 아닐 경우, 전체 상태를 설명하는 오류를 생성하여 반환하고, 응답의 본문 또한 함께 반환합니다. 이때 반환된 응답의 본문에는 유용한 정보가 포함되어 있을 수 있습니다.
`return string(body), nil`	이 마지막 부분은 우리가 도착하기 원했던 곳입니다. 즉, 우리가 아는 한 파이프라인에 오류가 없으므로 본문을 문자열로 아무 문제없이 반환할 수 있다는 의미입니다.

[표 3.2] sendGetRequest 코드의 각 섹션별 기능

아주 멋집니다!

이 함수를 배우고 나니 우리는 GET 요청을 보내고 몇몇 일반적인 오류를 처리할 수 있게 되었습니다. 이제는 검색을 구현해 보겠습니다.

제목과 영화 ID, 두 가지 방법으로 검색을 구현해야 한다는 걸 기억하고 있나요? 바로 시작합니다.

```
func SearchByName(name string) (*MovieInfo, error) {
    parms := url.Values{}
    parms.Set("apikey", APIKEY)
    parms.Set("t", name)
    siteURL := "http://www.omdbapi.com/?" + parms.Encode()
    body, err := sendGetRequest(siteURL)
    if err != nil {
        return nil, errors.New(err.Error() + "\nBody:" + body)
    }
    mi := &MovieInfo{}
    return mi, json.Unmarshal([]byte(body), mi)
}
```

함수가 훨씬 더 간단해 보입니다. 함수 시그니처부터 살펴보겠습니다.

```
func SearchByName(name string) (*MovieInfo, error)
```

언뜻 보기에 함수 시그니처가 매우 간단해 보입니다. 단일 인자를 갖고, 두 개의 값을 반환합니다. 그러나 자세히 살펴보면 JSON 응답에서 언마샬되는 첫 번째 반환 값 MovieInfo 구조체가 포인터라는 것을 확인할 수 있습니다!

여기서 포인터가 사용된 이유는 무엇일까요? 바로 두 번째 반환 값인 error가 존재하기 때문입니다. 만약 오류가 발생하면, 반환될 MovieInfo 구조체에 아무것도 존재하지 않습니다. 빈 구조체를 반환할 수도 있겠지만 좋은 방법은 아닙니다. nil만 반환하는 건 어떨까요? MovieInfo가 포인터가 아니라면 메모리에서 이를 표현할 방법이 없으므로, Go에서는 nil만 반환하는 것을 허용하지 않습니다.

대신 포인터로 선언하면 Go는 nil만 반환할 수 있는 권리를 줍니다. 포인터는 아무것도 가리키지 않을 수 있기 때문입니다.

따라서 오류를 반환해야 할 때는 nil과 해당 오류를 반환할 수 있고, 아무런 문제가 없다면 어떤 값과 함께 에러가 없음(nil error)을 반환할 수 있습니다.

다음은 이 함수의 로직이 수행되는 단계입니다.

1. API 키와 검색하려는 영화의 이름을 포함하는 URL 파라미터 세트를 구성합니다.
2. 쿼리 때 사용할 REST API URL을 단계1에서 구성한 파라미터와 함께 완성합니다.
3. 사이트에 요청을 시도합니다. 만약 오류가 존재하면 nil 포인터와 오류를 반환합니다.
4. 새로운 MovieInfo 값을 만들고, 포인터를 가져오고, 응답 문자열을 언마샬한 값을 포인터가 가리키는 값에 넣고, 해당 포인터를 반환합니다. 만약 언마샬 중에 오류가 발생하면 그 오류도 반환합니다.

함수의 마지막 두 줄에 있는 4단계는 다른 것과 다르게 복잡해 보입니다. 더 자세히 살펴보겠습니다.

```
mi := &MovieInfo{}
return mi, json.Unmarshal([]byte(body), mi)
```

첫 번째 줄의 코드는 간단합니다. 구조체를 생성하여 & 연산자를 통해 포인터를 가져오고, 해당하는 주소를 mi 변수에 저장합니다.

두 번째 줄은 상황이 좀 더 복잡합니다. 두 개의 반환 중 첫 번째는 한 변수의 값으로 쉽게 이해되지만, 두 번째는 그렇지 않습니다. 언마샬 함수를 호출해야 하고, 결괏값을 받아야 하며, 그 값을 전체 함수의 반환 값으로 사용해야 합니다. 이것의 내부 동작을 정리해 보면 다음과 같습니다.

1. 새로운 MovieInfo 구조체에 대한 포인터를 생성
2. 본문 문자열을 바이트 배열로 변환
3. 바이트 본문과 포인터를 json 패키지의 언마샬 함수로 전달
   - 언마샬 함수의 응답은 error 타입으로, 실제 "값"을 반환하지는 않습니다. 우리가 포인터를 전달했기 때문에, 포인터가 가리키는 메모리 내부에 "반환"될 것으로 예상되는 값을 넣게 되므로, 실제 값을 반환할 필요가 없습니다.
4. 함수는 우리가 방금 언마샬한 메모리에 대한 포인터를 반환하고, 잠재적으로 언마샬 함수가 반환했을 수 있는 오류도 반환합니다.

다시 말하지만, 처음 읽을 땐 다소 직관적이지 않을 수 있으나, 익숙해지고 나면 이해가 될 것입니다.

이제 우리는 ID로 영화를 검색하는 함수에 비슷한 작업을 하기만 하면 됩니다.

```
func SearchById(id string) (*MovieInfo, error) {
    parms := url.Values{}
    parms.Set("apikey", APIKEY)
    parms.Set("i", id)
    siteURL := "http://www.omdbapi.com/?" + parms.Encode()
    body, err := sendGetRequest(siteURL)
    if err != nil {
        return nil, errors.New(err.Error() + "\nBody:" + body)
    }
    mi := &MovieInfo{}
    return mi, json.Unmarshal([]byte(body), mi)
}
```

함수 이름을 제외한 유일한 차이점은 네 번째 줄에서 찾을 수 있습니다. 파라미터 이름이 제목을 뜻하는 "t" 대신 ID를 뜻하는 "i"로 변경되었습니다.

이제 OMDb에 쿼리를 보내 영화에 대한 정보를 얻을 수 있게 되었으니 main 함수를 통해 테스트해 보겠습니다.

```go
func main() {
    body, _ := SearchById("tt3896198")
    fmt.Println(body.Title)
    body, _ = SearchByName("Game of")
    fmt.Println(body.Title)
}
```

main 함수에서 우리가 하는 일은 ID로 검색한 다음 이름으로 검색하는 것뿐입니다. 검색을 통해 어떤 영화의 정보를 얻을 수 있는지 확인해 보세요. 한 가지 기억할 점은, 호출하는 함수의 두 번째 반환 값은 error 타입으로 무시되고 있다는 점입니다.

즉, 이 시점에서 오류가 발생해도 처리하지 않습니다. 따라서 오류가 발생한 위치에 따라 프로그램에 크래시가 발생하거나 의미 없는 가비지가 출력될 수도 있습니다.

물론 현업에서 사용하는 코드에서는 오류를 더 우아하게 처리합니다.

이 코드를 실행하면 다음과 같이 표시될 것입니다.

```
Guardians of the Galaxy Vol. 2
Game of Thrones
```

첫 번째 줄은 ID를 "tt3896198"으로 검색한 결과고, 두 번째 줄은 OMDb에서 "Game of"를 검색했을 때의 결과입니다.

전체 코드 목록은 다음과 같습니다.

코드 3.1 OMDb API를 사용한 영화 정보 검색

```go
package main

/*
Go에서 빌트인 패키지만 사용하여
rest API로 영화 세부 정보를 검색하는 예시
*/
```

```go
import (
    "encoding/json"
    "errors"
    "fmt"
    "io/ioutil"
    "net/http"
    "net/url"
    "strings"
)

//omdbapi.com API key
const APIKEY = "193ef3a"

// omdbapi.com에서 반환된 JSON 구조체
// 예시의 간략화를 위해 일부 값은
// 구조체에 매핑하지 않음

type MovieInfo struct {
    Title       string `json:"Title"`
    Year        string `json:"Year"`
    Rated       string `json:"Rated"`
    Released    string `json:"Released"`
    Runtime     string `json:"Runtime"`
    Genre       string `json:"Genre"`
    Writer      string `json:"Writer"`
    Actors      string `json:"Actors"`
    Plot        string `json:"Plot"`
    Language    string `json:"Language"`
    Country     string `json:"Country"`
    Awards      string `json:"Awards"`
    Poster      string `json:"Poster"`
    ImdbRating  string `json:"imdbRating"`
    ImdbID      string `json:"imdbID"`
}

func main() {
    body, _ := SearchById("tt3896198")
    fmt.Println(body.Title)
    body, _ = SearchByName("Game of")
    fmt.Println(body.Title)
}

func SearchByName(name string) (*MovieInfo, error) {
    parms := url.Values{}
    parms.Set("apikey", APIKEY)
    parms.Set("t", name)
    siteURL := "http://www.omdbapi.com/?" + parms.Encode()
    body, err := sendGetRequest(siteURL)
```

```go
    if err != nil {
        return nil, errors.New(err.Error() + "\nBody:" + body)
    }
    mi := &MovieInfo{}
    return mi, json.Unmarshal([]byte(body), mi)
}

func SearchById(id string) (*MovieInfo, error) {
    parms := url.Values{}
    parms.Set("apikey", APIKEY)
    parms.Set("i", id)
    siteURL := "http://www.omdbapi.com/?" + parms.Encode()
    body, err := sendGetRequest(siteURL)
    if err != nil {
        return nil, errors.New(err.Error() + "\nBody:" + body)
    }
    mi := &MovieInfo{}
    return mi, json.Unmarshal([]byte(body), mi)
}
func sendGetRequest(url string) (string, error) {
    resp, err := http.Get(url)
    if err != nil {
        return "", err
    }

    defer resp.Body.Close()
    body, err := ioutil.ReadAll(resp.Body)
    if err != nil {
        return "", err
    }

    if resp.StatusCode != 200 {
        return string(body), errors.New(resp.Status)
    }
    return string(body), nil
}
```

빌트인 패키지만으로 실제로 유용한 애플리케이션을 구현한 예를 확인해 보았습니다. 그러나 프로그래밍 언어의 진정한 아름다움은 커뮤니티에서 작성한 코드를 활용할 때 나타납니다. 이를 위해 우리는 Go 모듈을 사용할 것입니다.

3.2 써드파티 패키지 사용하기

Go는 버전 1.11부터 Go 모듈을 지원하기 시작했습니다. 모듈을 통해 써드파티 패키지를 원활하게 이용하여 프로그래머들끼리 협업하고, 서로 코드를 공유할 수 있으며, 다른 사람이 이미 구현한 것을 다시 개발하는 수고를 방지할 수 있습니다.

Go 모듈은 IDE[16] 또는 명령어를 통해 수동으로 처리할 수 있습니다. 이 책의 목적은 가능한 한 플랫폼에 구애받지 않는 식으로 Go를 배우는 것이기 때문에, 명령어를 통해 처리하는 법을 소개할 것입니다.

모듈을 다루는 주요 명령은 "go mod"입니다. 다음과 같은 명령어를 수행하면,

```
go mod help
```

Go 모듈로 할 수 있는 모든 것을 알려주는 도움말 페이지가 표시되어야 합니다.

이번에는 Go 모듈 사용을 위한 다음 두 가지 방법을 살펴보겠습니다.

- Go 모듈을 "전역적으로" 설치합니다. 이것은 해당 모듈의 코드를 다운로드하여 모든 프로젝트에서 접근할 수 있는 경로에 저장한다는 의미입니다. 이렇게 하면 한 번의 설치로 모든 프로젝트에서 모듈에 접근할 수 있다는 장점이 있으나, 특정 버전의 패키지가 필요하다거나 패키지 환경을 분리하고 싶은 경우 등에는 어려움을 겪을 수 있습니다.

- 여러분만의 Go 모듈을 생성하는 경우, 자체 모듈 내에 써드파티 Go 모듈을 설치할 수 있습니다. 이렇게 하면 다른 프로젝트 및 모듈이 다운로드한 모듈에 접근하는 것을 방지할 수 있으며, 프로젝트 폴더 자체에 저장되게 됩니다.

써드파티 Go 모듈을 사용하는 코드를 작성한 다음 이 두 가지 옵션을 모두 학습해 볼 것입니다. 먼저, 모듈을 전역적으로 설치해야 하는 특별한 이유가 없다면, 사용자 프로젝트 내에 설치하는 것을 추천한다는 점을 기억하세요.

---

16 통합 개발 환경(Integrated Development Environment, IDE): 코딩, 디버그, 컴파일, 배포 등 프로그램 개발에 관련된 모든 작업을 하나의 프로그램 안에서 처리하는 환경을 제공하는 소프트웨어

3.2.1 저 소수인가요? 1

우리는 사용자로부터 숫자를 입력받아, 그 숫자가 소수인지를 단순히 출력하는 프로그램을 만들어 보겠습니다. 이 예제는 매우 간단하므로 직접 코드를 쉽게 작성할 수 있지만, 일단은 GitHub의 오픈소스 모듈을 사용해 보겠습니다.

우리가 사용할 패키지는 www.github.com/otiai10/primes에서 찾을 수 있습니다. 이 코드 파일은 매우 간단합니다.

코드 3.2 otiai10 패키지를 이용하여 소수인지 확인하기

```go
package main

import (
    "fmt"
    "github.com/otiai10/primes"
    "os"
    "strconv"
)

func main() {
    args := os.Args[1:]
    if len(args) != 1 {
        fmt.Println("Usage:", os.Args[0], "<number>")
        os.Exit(1)
    }
    number, err := strconv.Atoi(args[0])
    if err != nil {
        panic(err)
    }
    f := primes.Factorize(int64(number))
    fmt.Println("primes:", len(f.Powers()) == 1)
}
```

코드에서 확인할 수 있는 것처럼, 서드파티 모듈은 빌트인 패키지와 거의 같은 방식으로 이용할 수 있습니다. 눈에 띄는 차이점은 임포트할 때 해당 모듈이 존재하는 GitHub 저장소에 대한 링크를 지정해야 한다는 것입니다.

이때 Go 모듈의 동작을 위해 반드시 GitHub 링크가 필요하지는 않습니다. 어떤 원격 Git 저장소(아마도 해당 모듈이 존재하는 GitHub, Gitlab, Bitbucket 등)라도 이용할 수 있으며, 심지어 사용자 자체의 Git 서버를 이용할 수도 있습니다.

또 Go 모듈 시스템은 버전 제어를 처리할 수 있습니다. 구체적으로, 코드를 컴파일하는 데 사용한 모듈의

커밋 정보를 기억하여 코딩 환경의 일관성을 높입니다.

조금 전 언급했었던, Go 모듈을 이용하는 두 번째 방법인 여러분만의 자체 패키지를 만들었다면 위에서 언급한 이 정보가 "go.sum" 파일에 저장되는 것을 확인할 수 있습니다.

이제 다시 코드로 돌아가서 go build 명령어를 사용하여 컴파일해 봅니다. 그러면 다음과 같은 오류가 나타날 것입니다.

```
main.go:14:2: cannot find package "github.com/otiai10/primes"
in any of:
    / usr/local/Cellar/go/1.14.4/libexec/src/github.com/otiai10/
    primes (from $GOROOT)
    / Users/tanmaybakshi/go/src/github.com/otiai10/primes
    (from $GOPATH)
```

위 메시지는 "임포트하려는 모듈을 찾을 수 없습니다."라는 의미입니다. 추천하는 방법은 아니지만, 첫 번째 방식으로 패키지를 설치했다면 다음 명령어를 실행하세요.

```
go get github.com/otiai10/primes
```

이 명령어를 통해 사용자의 홈 폴더에 패키지가 다운로드될 것이며, 이것으로 위의 코드를 빌드하고 수행하면 정상적으로 동작하는 것을 확인할 수 있을 것입니다.

그러나 이 책에서는 다음 명령어를 실행할 것을 추천합니다.

```
go mod init primechecker
```

이 명령은 현재 디렉터리 내에 "primechecker"라는 새 모듈을 생성하는 간단한 일을 지시합니다. 이때 사용자가 아닌 다른 사람이 사용자의 패키지 이용을 원할 때만 해당 이름이 필요하므로, 이름에 대해서 크게 신경 쓸 필요는 없습니다(이것은 다른 사용자가 이 모듈을 참조하기 위해 사용하는 이름입니다).

이제 go build 명령을 실행하면 코드가 성공적으로 컴파일되는 것을 볼 수 있을 것이며, 이는 필요한 모듈이 사용자 자체 모듈에 다운로드되었기 때문입니다.

go build 명령을 실행하면 다음과 같은 출력을 확인할 수 있습니다.

```
> go build .
go: finding module for package github.com/otiai10/primes go:
found github.com/otiai10/primes in github.com/otiai10/primes
v0.0.0-20180210170552-f6d2a1ba97c4
```

그리고 go.sum 파일에는 다음의 내용이 담겨 있을 것입니다.

```
github.com/otiai10/primes v0.0.0-20180210170552-f6d2a1ba97c4/
go.mod h1:UmSP7QeU3XmAdGu5+dnrTJqjBc+IscpVZkQzk473cjM=
```

3.3. 직접 만든 패키지 빌드하기

이미 언급했듯이 Go에서는 매우 간단하게 사용자 정의 패키지를 만들고 구축할 수 있습니다.

3.3.1 저 소수인가요? 2

위 마지막 예시에서는 모듈 이름에 신경 쓸 필요가 없었지만, 다른 사용자가 자체 정의 모듈을 사용하도록 하려면 이름을 매우 구체적으로 지정할 필요가 있습니다. 모듈을 원격 Git 서버로 푸시하여 다른 사람들이 사용할 수 있게 하려면 반드시 원격 Git 저장소에 이름을 붙여야 합니다. 그래야 코드에 모듈을 임포트할 수 있습니다.

예를 들어, 숫자가 소수인지 확인하는 패키지를 작성하려면 다음과 같이 패키지를 초기화합니다.

```
go mod init github.com/Tanmay-Teaches/golang/chapter3/example3
```

이렇게 하면 우리의 Go 모듈을 사용하고 싶은 사람들이 임포트해 갈 수 있습니다. 이제 패키지 코드를 작성해 보겠습니다. 물론 main.go 파일에 코딩할 예정이지만, 이번에는 "package main" 대신 "example3"라고 이름 지을 것입니다. 이는 다른 사람들이 자신의 코드에서 이 패키지를 참조할 때는 "example3"라는 이름으로 참조해야 한다는 의미입니다.

코드 3.3 사용자 정의 소수 확인 패키지

```
package example3

func IsPrime(n int) bool {
    if n <= 1 {
        return false
    } else if n <= 3 {
        return true
    } else if n % 2 == 0 || n % 3 == 0 {
        return false
    }
```

```
    i := 5
    for i * i < n {
        if n % i == 0 || n % (i + 2) == 0 {
            return false
        }
        i += 6
    }
    return true
}
```

IsPrime 함수의 로직은 매우 간단합니다. 먼저 확인 즉시 true 혹은 false를 반환하는 몇 가지 조건이 존재합니다. 그런 다음에는 5부터 확인하려는 숫자의 제곱근까지 반복하며, 해당 숫자가 반복문의 수(i)로 나누어지면 false, 그렇지 않으면 true를 반환합니다.

이제 이 코드를 GitHub 저장소로 올려 보세요. 만약 올리려는 GitHub 저장소가 공개(public)된 경우라면 따로 설명이 없더라도 어렵지 않게 이해할 수 있을 것입니다. 변경 사항을 모두 커밋하고 Git 워크플로우가 요구하는 대로 저장소에 올리면 됩니다.

그렇다면 공개되지 않은(private) GitHub에는 어떻게 해야 할까요? 혹은 GitHub Enterprise를 사용하는 회사와 작업하게 되어 자체 GitHub 인스턴스를 보유하였으면 Go를 어떻게 인증할 수 있을까요?

이러한 경우는 일반적으로 SSH 키를 이용하여 Git에 인증합니다. SSH 키는 사용하기 쉽고 매우 안전한 업계 표준이며, Git 명령어를 통해 Go에서도 SSH를 사용할 수 있습니다.

다음은 글로벌 Git config를 설정하는 명령어입니다. HTTPS URL을 볼 때마다 HTTPS 요청을 SSH 요청으로 바꿔야 한다고 git에 지시하고 있습니다.

```
git config --global url."git@github.com:".insteadOf "https://github.com/"
```

그런 다음 클론하려는 비공개 또는 내부 저장소에 대해 "sum check[17]"를 수행하지 않도록 Go에 지시해야 합니다. sum check는 비공개 또는 내부 저장소와 호환되지 않기 때문입니다.

```
export GONOSUMDB=github.com/Tanmay-Teaches/golang
```

해야 할 일이 모두 끝났습니다. 이제 비공개 Git 저장소에 사용자가 생성한 모듈을 참조하는 새로운 프로젝트를 만들고, 자신의 코드에 해당 모듈을 가져와 사용하는 작업을 시작해 보겠습니다.

---

17 체크섬(check sum) 디비(GOSUMDB)는 다운로드된 모듈의 체크섬과 데이터베이스의 체크섬을 비교하여 다운로드받은 모듈의 유효성을 검증하려는(Go에서는 인증이라고 부름) 용도로 사용됩니다.

먼저 다음과 같이 새로운 Go 프로젝트를 만들고(새 폴더 만들기) 새 모듈을 초기화합니다.

```
go mod init example4
```

참고로 배포할 계획이 없는 모듈을 만들 때는 모듈의 이름을 크게 신경 쓸 필요가 없다는 걸 다시 한번 기억하세요.

우리가 만든 모듈 외에도, 웹(HTTP) 서버를 쉽고 빠르게 만들도록 도와주는 "labstack"의 "echo"라는 다른 서드파티 모듈 또한 사용할 예정입니다. 프로그램은 다음과 같이 동작합니다.

1. 특정 포트에 HTTP 서버를 오픈합니다.
2. 해당 포트로 들어오는 GET 요청을 수신대기합니다.
3. URL의 경로가 숫자인 GET 요청을 확인하면 다음을 수행합니다.
   a. 숫자가 소수인지 확인
      i. 답이 yes인 경우, GET 요청에 대한 응답으로 "true"를 반환
      ii. 답이 no인 경우, 응답으로 "false"를 반환

다음은 프로그램 전체 코드입니다.

코드 3.4 직접 만든 소수 확인 패키지 사용하기

```
package main

import (
    "net/http"
    "github.com/Tanmay-Teaches/golang/chapter3/example3"
    "github.com/labstack/echo/v4"
    "strconv"
)

func main() {
    e := echo.New()
    e.GET("/:number", func(c echo.Context) error {
        nstr := c.Param("number")
        n, err := strconv.Atoi(nstr)
        if err != nil {
            return c.String(http.StatusBadRequest, err.Error())
        }
        return c.String(http.StatusOK,strconv.FormatBool(example3.IsPrime(n)))
    })

    e.Logger.Fatal(e.Start(":1323"))
}
```

코드를 실행하기 전에 동작 방식을 먼저 살펴보겠습니다. main 함수에서는 새로운 HTTP 서버 인스턴스를 위한 echo.New()를 호출합니다.

이후에는 "/:number" 인자를 넘기며, 서버에 대한 "GET 엔드포인트"를 등록합니다. 이것은 "루트 URL 뒤에 'number'라고 부르는 특정 시퀀스 캐릭터가 보인다면 요청을 처리할 수 있다"라는 뜻입니다.

NOTE

"number"라는 문자가 "숫자"를 의미하는 것은 아니며, 어떤 임의의 시퀀스 캐릭터가 될 수 있습니다. 그러나 우리가 디자인하는 API에서는 이것이 숫자로 예상되므로, "number"라는 변수에 해당하는 캐릭터가 저장되길 원하는 것입니다.

이때 echo 모듈의 GET 함수에 넘기는 인자가 한 가지 더 있는데, 바로 "func" 키워드를 통해 인라인 형태로 선언되는 새로운 함수입니다. 이 함수는 main 함수의 두 번째 줄에 작성되었으나 아홉 번째 줄에 이르기까지 즉시 호출되지는 않으며, GET 함수의 첫 번째 인자로 전달한 문자열에 의해 만들어진 조건을 충족하는 요청을 확인할 때마다 HTTP 서버에 의해 호출됩니다.

함수가 호출되면 echo.Context 값이 전달되며, 오류 타입이 반환됩니다. 이때 만약 오류가 없으면 nil이 반환되고, 반환 값이 nil이 아닌 오류가 있다면 echo 모듈은 요청에 대한 실패 응답을 전송합니다.

계속해서 인자값으로 선언한 "number" 파라미터값을 가져와서 정수형으로 변환을 시도하는 함수가 존재합니다. 만약 변환이 실패하여 오류가 발생한다면 정수가 아닌 것이 포함되어 있다는 뜻이므로, "API 사용자가 잘못된 요청을 했기 때문에 처리할 수가 없습니다, 우리의 잘못이 아닙니다."를 의미하는 추가 정보와 함께 오류를 반환합니다.

마지막으로, 1323 포트를 통해 요청 수신 대기하라고 서버에 전달합니다. 이 함수는 오류가 있으면 오류를 반환하고, 오류가 없으면 아무것도 반환하지 않고 블록[18]합니다. 이는 정상적인 서버 동작입니다. 사용자가 프로그램을 강제 종료할 때 함수의 동작이 끝이 나게 됩니다.

그러나 만약 해당 함수가 오류를 반환한다면, 그 오류를 Logger의 Fatal 함수에 전달하여 "fatal error," 와 같은 로그를 쌓을 수 있도록 합니다. 그리고 나서 main 함수가 끝나며 프로그램은 종료됩니다.

동작 방식은 충분히 살펴보았으니 이제 코드가 잘 동작하는지 확인해 보세요!

---

18 Blocking I/O: 프로세스가 자신의 작업을 모두 끝낼 때까지 다른 프로세스는 대기하도록 만드는 I/O 방식입니다. 여기서는 작업이 끝나는 지점이 없어 스스로도 계속 대기하게 됩니다.

인터넷 브라우저를 열고 그림 3.1과 3.2와 같이 숫자가 포함된 엔드포인트를 입력하세요.

[그림 3.1] 소수가 아닌 수 100에 대한 소수 확인 API 결과

[그림 3.2] 소수 97에 대한 소수 확인 API 결과

"true" 또는 "false"의 결과를 확인할 수 있습니다. 숫자가 소수이면 true, 소수가 아니면 false입니다.

이번 장에서 우리는 Go 모듈(빌트인과 서드파티)을 사용하는 방법을 살펴보고, 자신만의 모듈을 구축하는 방법까지 함께 배웠습니다! 다음 장에서는 일반적인 데이터 구조와 알고리즘을 사용하는 실제 애플리케이션을 구축하기 위하여, 지금까지 배운 모든 개념을 활용해 볼 예정입니다.

1 ▸ "체크섬"이란 무엇이며 Go에서 체크섬을 사용하는 이유는 무엇인가요? 어떤 경우에 비활성화해
   야 하나요?

2 ▸ Go에서 임포트한 모듈을 사용하지 않으면 컴파일러 오류가 발생하는 이유는 무엇인가요?

3 ▸ Go 모듈을 전역적으로 설치하는 대신 각각의 프로젝트별로 설치하는 것을 선호하는 이유는 무엇
   인가요?

4 ▸ 버전 관리 시스템에서 사용자 정의 모듈로 재배포하려는 패키지에 대해 어떤 명명 체계를 사용해
   야 하나요?

5 ▸ 반환 타입이 포인터가 아닌 경우 함수에서 nil을 반환할 수 없는 이유는 무엇인가요?

6 ▸ 블로킹 시작 함수가 호출된 후 HTTP 서버를 중지하는 방법은 무엇인가요?

MEMO

빌트인 패키지 사용하기

4.1 일반적인 데이터 구조와 알고리즘

4.2 다익스트라 길 찾기

4.3 콘웨이의 라이프 게임

4.4 작업 증명 1

• • •

제4장에 온 것을 환영합니다! 지금까지 우리는 Go 프로그래밍 언어의 기본 구성 요소와 패키지 및 모듈의 사용 방법을 배웠습니다. 이제 Go의 추가 특징과 기능들을 살펴보고자 합니다. 여러분이 나중에 여러분의 프로그램에서 사용하게 될 몇 가지 일반적인 데이터 구조와 알고리즘을 이용한 애플리케이션을 만들어 보며 배우게 됩니다.

이 장을 마치면 다음 질문에 답할 수 있습니다.

- 다익스트라 길 찾기 알고리즘은 무엇이며, 어떻게 동작하나요?

- Go에서 그래프를 통해 다익스트라 검색을 구현하는 방법은 무엇인가요?

- 콘웨이의 라이프 게임은 무엇이며, 어떻게 동작하나요?

- Go에서 그래픽 사용자 인터페이스를 어떻게 구현할 수 있을까요?

- 난수 생성이 어려운 이유는 무엇이고, 어떻게 하면 Go에서 자신만의 유사 난수 생성기를 만들 수 있을까요?

4.1 일반적인 데이터 구조와 알고리즘

구체적으로 의사코드[19]와 로직을 Go 코드로 변환할 수 있는 능력을 기르는 데 많은 도움이 될 수 있는, 아래의 매우 유명한 알고리즘을 배울 예정입니다.

- 다익스트라 길 찾기(Dijkstra's pathfinding)
- 콘웨이의 라이프 게임

이 알고리즘을 통해 우리는 새로운 Go 개념들을 익히고, 지금까지 다루지 않았던 완전히 새로운 패러다임인 그래픽 유저 인터페이스까지 배울 수 있을 것입니다.

Go가 UI 측면의 프로그램을 개발하기 위한 언어는 아니지만, Go를 통해 GUI의 구현도 가능하다는 점을 알 필요가 있습니다. 이에 대해 지금부터 자세히 살펴보겠습니다.

4.2 다익스트라 길 찾기

먼저 많이 들어보았을 다익스트라 길 찾기 알고리즘을 설명하겠습니다. 일반적으로 길 찾기 알고리즘은 그래프의 한 노드에서 다른 노드로 가는 "경로"를 찾게 해 줍니다.

여기서 "그래프"라는 단어가 다소 제한적으로 들릴 수 있지만, 사실 세상의 많은 것들을 "그래프" 형태로 표현할 수 있습니다. 예를 들어, 미로를 생각해 보세요. 개별 타일들이 서로 연결되고, 벽을 통해 차단되기도 하는 그래프를 통해 우리는 미로를 표현할 수 있습니다.

또한 한 도시의 도로 시스템을 떠올려 보면, 각각의 도로는 특정한 "비용"으로 서로 연결된 노드라고 정의할 수 있습니다(여기서 비용이란 현실 세계의 "거리"라는 단어로 번역할 수 있을 것입니다). 여기에 특정 기술을 이용하면 트래픽, 경로의 직진성 등 여러 가지 사항들을 이 비용에 포함할 수도 있습니다.

예를 들어, 그림 4.1의 그래프에서 어떤 두 개의 노드가 주어질 때 가장 적은 비용으로 노드를 이동할 수 있는 경로를 알고자 한다고 가정해 보겠습니다. C에서 D로 이동하려면 C→B→D 경로로는 비용 7로 이동할 수 있고(C→B 비용 5, B→D 비용 2), C→E→D 경로로는 비용 6으로 이동할 수 있으므로(C→E 비용 5, E→D 비용 1), C→E→D 경로가 더 스마트하다고 할 수 있습니다.

---

19 의사코드(슈도코드, pseudocode): 프로그램을 작성할 때 각 모듈이 작동하는 로직을 표현하기 위한 언어로 특정 프로그래밍 언어의 문법에 따라 쓰인 것이 아니라, 일반적인 언어로 코드를 흉내 내어 알고리즘을 써놓은 코드를 말합니다.

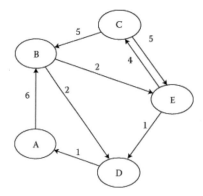

[그림 4.1] 다익스트라 길 찾기를 수행하는 간단한 그래프

다익스트라는 목표를 향해 이동할 가능성이 더 큰 경로로 검색 범위를 좁히는 방식이 아닌, 가능한 모든 경로를 분석하는 방식이라는 점이 매우 흥미롭습니다. 또한 A*[20]와 같은 다익스트라의 확장형 알고리즘에서는 효율적이고 더 나은 선택을 하기 위해 "휴리스틱(heuristic)"이라는 방식을 이용하기도 합니다. "휴리스틱"은 한 노드가 최종 목표에 얼마나 가까운지에 대한 불완전한 "추정"이라고 할 수 있습니다.

다익스트라의 내부 동작은 매우 간단합니다. 따라서 길 찾기 문제를 해결하는 알고리즘의 행동을 이해하는 것에 많은 시간이 걸리지는 않을 것입니다. 그림 4.1의 그래프보다 단순화된 그림 4.2를 이용하여 다익스트라 알고리즘을 단계별로 하나씩 시각화해 보겠습니다.

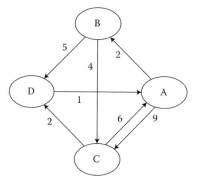

[그림 4.2] 다익스트라 알고리즘을 연습하기 위한 간단한 그래프

알고리즘이 시작되면, 키가 그래프의 노드이고 값이 각각 부동 소수점과 노드인 딕셔너리 두 개를 생성할 것입니다. 그리고 이것을 "거리" 또는 "비용" 딕셔너리, "부모" 또는 "이전" 딕셔너리으로 부를 것입니다. 이름의 의미는 잠시 후에 자세히 알아보겠습니다. 그 전에 위 딕셔너리들의 표 형식을 먼저 살펴보겠습니다.

---

20 A* 알고리즘: 주어진 출발 꼭짓점에서부터 목표 꼭짓점까지 가는 최단 경로를 찾아내는 그래프 탐색 알고리즘

노드	비용	부모
A	무한대	Nil
B	무한대	Nil
C	무한대	Nil
D	무한대	Nil

[표 4.1] 다익스트라 길 찾기 초기 상태

표에 나타난 것처럼 비용 딕셔너리의 기본값은 무한대이고 부모의 기본값은 nil입니다.

알고리즘이 시작되면 길 찾기를 시작할 소스 노드를 알아야 하며, 이 노드의 비용을 0으로 설정해야 한다는 것은 직관적으로 이해할 수 있습니다. 소스와 소스 사이의 비용은 당연히 0이며, 소스라는 시작점보다 앞서는 것은 없으므로 부모 또한 nil이 됩니다.

소스 노드를 B라고 가정해 보면 딕셔너리의 모습은 표 4.2와 같을 것입니다.

노드	비용	부모
A	무한대	Nil
B	0	Nil
C	무한대	Nil
D	무한대	Nil

[표 4.2] 루트 노드의 비용을 업데이트한 후 다익스트라 길 찾기 상태

이제 우리가 해야 할 일은 다익스트라 알고리즘을 반복하여 실행하는 것입니다. 먼저 모든 노드의 비용을 살펴보고, 비용이 가장 적은 노드를 찾습니다. 여기서는 B를 제외한 모든 노드의 비용이 무한대이므로 B 노드의 비용이 가장 적습니다.

그런 다음 그래프를 쿼리하여 최소 비용 노드인 B의 이웃이 무엇인지, 비용은 얼마인지를 알아냅니다. 이 그래프에서 B 노드의 이웃은 노드 C와 D인 것을 알 수 있습니다.

물론 A 노드 또한 B 노드와 연결되어 있지만, B에서 A로 갈 수는 없고 A에서만 B로 갈 수 있으므로 B의 이웃은 될 수 없습니다.

이제 C 노드의 비용을 업데이트합니다(C, D 중 어느 것을 먼저 해도 상관없습니다). B에서 C로 이동하는 비용(0+4)이 C가 가지고 있는 비용(무한대)보다 적은지 결과를 확인하고 설정하면 될 것입니다.

따라서 C의 비용을 4로 설정하고 부모를 B로 설정합니다.

위와 유사한 로직을 D 노드에도 적용해 봅니다. D가 가지고 있던 비용이 무한대이었기 때문에, 0과 5를 더한 새로운 비용(B에서 D로 이동하는 비용)이 더 낮으므로 D의 비용을 5, 부모를 B로 설정하면 됩니다.

B에서 이동할 수 있는 경로를 반복해 보았습니다. 현재 시점에서 딕셔너리는 표 4.3과 같습니다.

노드	비용	부모
A	무한대	Nil
B	0	Nil
C	4	B
D	5	B

[표 4.3] C와 D 노드의 비용과 부모를 업데이트한 후의 다익스트라 길 찾기 상태

표를 보면 C가 가장 비용이 적은 것을 확인할 수 있습니다. 그렇다면 C가 어떻게 연결되어 있는지를 확인해 보면, C는 A와 D로 이동할 수 있다는 것을 알 수 있습니다. 이들과 A의 관계를 결정해 보겠습니다.

A 노드는 현재 비용이 무한대이므로, C로부터 비용이 얼마가 더해지든(C → A) 해당 비용이 무조건 더 적을 것입니다. C의 비용은 4이고, C에서 A로 연결되는 비용은 6이므로 해당 비용은 10이 될 것입니다. 따라서 A의 비용을 10으로 설정하고 부모를 C로 설정합니다.

비용이 5인 D도 살펴보면 C의 비용은 4이고, C와 D 간의 연결 비용은 2입니다. 따라서 4+2=6으로, D가 현재 가지고 있는 B의 연결 비용보다 많다는 것을 알 수 있습니다. 그러므로 딕셔너리에서 D의 값은 수정할 필요가 없습니다.

표 4.4는 지금까지의 결과를 반영한 딕셔너리입니다.

노드	비용	부모
A	10	C
B	0	Nil
C	4	B
D	5	B

[표 4.4] A 노드의 비용과 부모를 업데이트한 후 다익스트라 길 찾기 상태

하지만 아직 끝나지 않았습니다! 이번에는 D의 연결 상황을 확인해 볼 차례입니다.

D 노드에서 갈 수 있는 곳은 A밖에 없으니 A 노드의 부모를 D로 변경할 때의 비용을 확인해 보겠습니다. D의 비용은 5이며 A로의 연결 비용은 1이므로 전체비용은 6이 되고 현재 비용인 10보다 적습니다. 따라서 A의 비용을 10에서 6으로 변경하고, 부모는 C에서 D로 변경합니다.

업데이트를 완료한 딕셔너리의 모습은 표 4.5와 같습니다.

노드	비용	부모
A	6	D
B	0	Nil
C	4	B
D	5	B

[표 4.5] A 노드의 비용과 부모를 업데이트한 후 다익스트라 길 찾기 상태

마지막으로 A 노드에 같은 알고리즘을 계속 적용해 보겠습니다. A는 B와 C로 연결되어 있습니다.

B의 비용과 부모를 바꿔야 할까요? B는 소스 노드이기 때문에 B의 부모를 A로 변경하거나 비용을 변경할 필요가 없다는 것은 직관적으로 이해할 수 있습니다. 알고리즘 측면에서 다시 한번 설명하면, B의 비용이 더는 적어질 수 없으므로 A와 B의 연결 비용과 관계없이 B의 비용과 부모는 변경하지 않아도 됩니다. 따라서 B의 값은 그대로 둡니다.

그렇다면 C는 어떨까요? A의 비용이 이미 6이고, 여기에 A → C 연결 비용 9가 더해지면 15가 됩니다. 15는 현재 비용 4보다 많으므로 C 역시 변경 없이 그대로 두겠습니다. 이것은 A 노드를 반복했음에도 불구하고 길 찾기 상태는 표 4.5에서 변경되지 않았다는 것을 의미합니다.

마지막으로, 어떻게 B에서 다른 노드로 이동할 수 있는지 알 수 있을까요? 이 표에 답이 숨겨져 있습니다.

다익스트라 길 찾기는 특정한 소스에서 목적지까지 가장 저렴한 비용으로 가기 위해 선택해야 할 바로 다음 노드를 안내하는 또 다른 그래프를 생성합니다.

예를 들어, B에서 A로 이동한다고 가정해 보겠습니다. 표를 보면 A 노드의 부모가 D 노드라는 것을 알수 있습니다. D 노드의 부모는 누구일까요? 바로 B입니다. 하지만 잠깐! B는 우리의 소스이므로 여기서 반복은 멈추어야 합니다.

이를 통해 B → A를 갈 때 가장 효율적인 경로는 B → D → A라는 것을 알 수 있습니다.

이 알고리즘을 이해할 수 있다면 관련 코드를 쉽게 배울 수 있습니다. 알고리즘에 대한 이해 없이는, 코드에 존재하는 추상적인 개념들로 인해 왜 이 표가 가장 효율적인 경로를 만들어내는지 이해하기 어려울 수 있습니다.

이제 Go에서 코드를 작성하겠습니다. 실제 코드를 다루기 전에 다익스트라 알고리즘에 대한 몇 가지 의사코드를 먼저 살펴보면,

```
function Dijkstra(Graph, source):

    create vertex set Q

    for each vertex v in Graph:
        dist[v] ← INFINITY
        prev[v] ← UNDEFINED
        add v to Q
    dist[source] ← 0

    while Q is not empty:
        u ← vertex in Q with min dist[u]

        remove u from Q

        for each neighbor v of u: // only v that are still in Q
            alt ← dist[u] + length(u, v)
            if alt < dist[v]:
                dist[v] ← alt
                prev[v] ← u

    return dist[], prev[]
```

앞에서 살펴본 프로세스와 의사코드가 굉장히 비슷하다는 것을 확인할 수 있습니다.

Go에서 이 알고리즘을 구현하는 방법은 매우 다양하지만, 우리는 기존 로직에 충실한 방법으로 진행할 예정입니다.

먼저 우리에게 필요한 기본적인 정보가 무엇이 있는지부터 생각해 보겠습니다. 노드가 서로 연결되는 방식, 한 노드에서 다른 노드로 이동하는 비용, 연결 방향과 같은 것들을 확인해야 할 것입니다. 이와 같은 정보를 인코드하기 위해 우리는 다음 세 가지 구조체를 사용합니다.

```go
type Node struct {
    Name string
    links []Edge
}

type Edge struct {
    from *Node
    to *Node
    cost uint
}

type Graph struct {
    nodes map[string]*Node
}
```

"Node" 구조체에는 기본적으로 노드 이름과 다른 노드와의 연결 정보가 포함됩니다.

"Edge" 구조체에는 오는 노드와 가는 노드에 대한 포인터 및 연결에 필요한 비용 정보가 포함됩니다.

"Graph" 구조체에는 노드 이름과 노드 자체에 대한 포인터가 지정된 Map이 포함됩니다.

또 새로운 Graph 구조체 인스턴스를 생성하고 이에 대한 포인터를 받을 수 있도록 도와주는 매우 작은 도우미 함수를 다음과 같이 정의합니다.

```go
func NewGraph() *Graph {
    return &Graph{nodes: map[string]*Node{}}
}
```

이제 본격적인 코딩에 앞서 사용자가 실제 길 찾기 알고리즘과 소통하기 위한 인프라를 작성하겠습니다.

이것은 위에서 정의한 세 가지 구조체를 이용하여, 그래프를 가지고 와서 어떤 식으로든 원하는 것을 표현할 수 있도록 해 줍니다.

이를 위해 다음의 두 가지 함수를 이용할 것입니다.

```
func (g *Graph) AddNodes(names ...string) {
    for _, name := range names {
        if _, ok := g.nodes[name]; !ok {
            g.nodes[name] = &Node{Name: name, links: []Edge{}}
        }
    }
}

func (g *Graph) AddLink(a, b string, cost int) {
    aNode := g.nodes[a]
    bNode := g.nodes[b]
    aNode.links = append(aNode.links, Edge{from: aNode, to: bNode, cost: uint(cost)})
}
```

이 함수들은 거의 설명이 필요 없습니다. Graph 타입의 포인터 리시버를 갖는 두 개의 함수는 각각 연결 없이 노드를 추가하거나 기존 노드에 연결을 추가합니다.

먼저 노드를 추가하려면 새로운 노드를 만들어 이름을 붙이고 해당 노드의 포인터를 가져와 Graph 내 노드 map의 값으로 할당하면 됩니다.

연결을 추가하려면 Graph에서 노드를 가져와 첫 번째 노드 연결에 새로운 엣지를 덧붙이면 됩니다.

이제 실제 길 찾기를 구현해 볼 것입니다. 비용과 노드를 어떻게 표현할 수 있을까요? 우리는 이미 노드를 위한 구조체들을 가지고 있고, 비용의 경우에는 단순화를 위해 float이 아닌 uint 데이터 타입을 사용할 것입니다. 여기서 한 가지 문제가 떠오릅니다. 정수형으로 어떻게 무한대를 표현할 수 있을까요?

부동 소수점 값에는 무한대 값을 나타내는 특정 비트 세트가 있지만, 정수는 그렇지 않습니다. 따라서 무한대를 나타내기 위해 부호 없는 정수(unsigned integer, 숫자의 모든 비트가 0을 의미함)형이 Go에서 보유할 수 있는 최댓값을 사용하도록 합니다. 다음은 최댓값을 포함하는 전역 상수를 만드는 코드입니다.

```
const INFINITY = ^uint(0)
```

이 코드는 값이 0인 부호 없는 정수를 취하여 NOT 비트 연산(bitwise operator, ^)을 실행하고, 그 결과 모든 비트를 1로 바꾸어 부호 없는 정수형이 표현할 수 있는 최댓값을 만듭니다.

드디어 다익스트라를 구현할 차례입니다. 이미 살펴본 의사코드와 같은 입력과 출력을 가진 다음 코드는, 소스 노드만 정해지면 모든 비용과 부모를 계산해 냅니다.

```go
func (g *Graph) Dijkstra(source string) (map[string]uint, map[string]string) {
    dist, prev := map[string]uint{}, map[string]string{}

    for _, node := range g.nodes {
        dist[node.Name] = INFINITY
        prev[node.Name] = ""
    }
    visited := map[string]bool{}
    dist[source] = 0
    for u := source; u != ""; u = getClosestNonVisitedNode(dist, visited) {
        uDist := dist[u]
        for _, link := range g.nodes[u].links {
            if _, ok := visited[link.to.Name]; ok {
                continue
            }
            alt := uDist + link.cost
            v := link.to.Name
            if alt < dist[v] {
                dist[v] = alt
                prev[v] = u
            }
        }
        visited[u] = true
    }
    return dist, prev
}

func getClosestNonVisitedNode(dist map[string]uint, visited map[string]bool) string {
    lowestCost := INFINITY
    lowestNode := ""
    for key, dis := range dist {
        if _, ok := visited[key]; dis == INFINITY || ok {
            continue
        }
        if dis < lowestCost {
            lowestCost = dis
            lowestNode = key
        }
    }
    return lowestNode
}
```

이 코드가 어떻게 동작하는지 쉽게 이해하려면 코드 가장 아래쪽 두 번째 함수부터 살펴보는 것이 좋아 보입니다. 의사코드에서는 함수 하나로 정의되는데, 왜 실제 코드에서는 함수가 두 개 필요할까요?

이것은 안타깝게도 Go에는 자체적으로 제공되는 고급 기능들이 많지 않아 여러분이 직접 구현해야 하는 부분이 많기 때문입니다. 하지만 때때로 직접 작성한 프로그램은 자신의 데이터에 최적화된 알고리즘으로 짜여 있으므로 표준 라이브러리(standard library)와 데이터 구조를 썼을 때보다 우수한 성능을 발휘하기도 합니다. 물론 오픈소스 커뮤니티에서 더 잘 만들 수 있는 기능을 스스로 구현해야 하고 같은 부분을 다시 만드는 일을 자주 해야 하므로 항상 성능이 좋을 수는 없습니다.

이제 간단한 작업을 하는 두 번째 함수를 보겠습니다. 이 함수는 노드의 "비용"(여기선 "거리")과 방문 여부를 알려주는 맵을 통해, 어떤 노드가 가장 적은 비용을 가졌는지나 기존에 방문한 적은 없는지 등을 확인합니다.

이 함수는 가장 거리가 적은 노드의 값과 해당 노드의 이름을 위한 두 개의 변수를 만들며 시작합니다. 처음 만들어진 시점에는 해당 변수의 값을 정의할 수 없으므로 초깃값에 적당한 값을 할당하게 됩니다. 예를 들어, 거리는 무한대를 초기에 할당하는데, 그 이유는 잠시 후에 살펴볼 예정입니다.

그런 다음 반복문을 통해 서로 다른 dist(distances) 맵의 값들을 탐색하며, 기존에 lowestNode와 lowestCost 변수에 저장된 노드의 비용과 거리를 더 적은 값으로 업데이트합니다.

탐색하며 처음 만나는 거리의 값이 무엇이든 무한대보다는 낮으므로 해당하는 값으로 교체될 것이며, 이것이 바로 거리 변수의 초깃값을 무한대로 설정한 이유입니다.

이번엔 두 번째 함수(getClosestNonVisitedNode) 네 번째 줄에 있는 흥미로운 로직을 살펴보겠습니다.

```
if _, ok := visited[key]; dis == INFINITY || ok {
```

이 코드는 거리 딕셔너리의 키를 사용하여 "visited" 딕셔너리를 질의하며, 반환되는 두 값 중에 첫 번째는 무시하고 두 번째 응답에만 집중합니다. 이 두 번째 응답은 해당 키가 딕셔너리에 있는지를 알려 주는 역할을 하는데, 키가 존재하면 이 노드를 이미 방문한 것이므로 딕셔너리의 값과 관계없이 루프에서 이 반복을 건너뜁니다. 또 아직 계산 혹은 설정되지 않았다는 의미인 무한대 값이 노드의 비용에 있을 때도 반복을 건너뜁니다.

마침내 정말로 재미있어 보이는 첫 번째 함수를 배울 차례가 되었습니다. 이 함수는 Graph 구조체의 포인터 리시버로 구현되어 있는데, 이는 함수 내에서 그래프 자체를 수정해야 할 일이 있을 수 있기 때문입니다.

함수가 하는 일을 섹션별로 요약해 보겠습니다.

```
dist, prev := map[string]uint{}, map[string]string{}

for _, node := range g.nodes {
    dist[node.Name] = INFINITY
    prev[node.Name] = ""
}
visited := map[string]bool{}
dist[source] = 0
```

첫 번째 섹션은 비용과 부모(dist와 prev) 딕셔너리를 생성하고, 이 장의 초반에 설명했던 것처럼 모든 비용은 무한대로, 부모는 nil로 초기화하며 시작합니다(이 경우 값이 포인터가 아니므로 nil은 빈 문자열로 표현됩니다).

또한 노드의 방문 여부를 표현하는 딕셔너리를 생성하고, 소스 노드에 대한 비용을 나타내는 거리를 0으로 설정합니다.

```
for u := source; u != ""; u = getClosestNonVisitedNode(dist, visited) {
    uDist := dist[u]
```

위 코드는 다음과 같은 역할을 합니다. 소스에 해당하는 문자열로 시작하는 변수 u를 통해 반복문(for loop)이 시작되고, 변수 u의 값이 빈 문자열과 같아질 때까지 해당 반복문이 이어집니다. 모든 반복은 getClosestNonVisitedNode 함수를 필요한 딕셔너리와 함께 호출하는데, 그 수행 결과는 변수 u에 저장됩니다. 그리고 이 함수가 빈 문자열을 반환할 때 반복은 중지되며, 이는 우리가 필요한 모든 노드에 방문했다는 의미입니다.

마지막으로 반환된 노드에 해당하는 비용을 조회하여 그 거리를 uDist 변수에 저장합니다.

```
for _, link := range g.nodes[u].links {
    if _, ok := visited[link.to.Name]; ok {
        continue
    }
    alt := uDist + link.cost
    v := link.to.Name
    if alt < dist[v] {
        dist[v] = alt
        prev[v] = u
    }
}
visited[u] = true
```

이번 섹션에서는 노드의 연결을 통해 앞서 이야기한 다익스트라 반복(Dijkstra iteration)을 본질적으로 수행하게 됩니다. 먼저 해당 노드를 이미 방문한 적이 있는지 확인하는 것으로 시작하며, 방문한 적이 있다면 나머지 부분들을 실행하지 않고 반복의 시작 부분으로 이동합니다(반복을 빠져나옵니다).

만약 방문한 적이 없으면 해당 노드의 새로운 비용을 계산하고, 이 비용이 기존 비용보다 낮은지 확인하여 부모와 비용에 대한 값을 업데이트합니다.

마지막으로 반복문이 완료된 후에는, 해당 노드에 대하여 반복문이 실행되지 않도록 방금 방문한 이력을 u에 저장합니다.

이제 한 가지 작업만 하면 모두 끝납니다. 우리는 함수를 호출한 쪽에서 실제로 길 찾기를 수행할 수 있도록 비용과 부모 딕셔너리를 반환하게 만들어야 합니다.

```
return dist, prev
```

그러나 이 코드를 사용하기 전에 딕셔너리의 값들을 깔끔하게 출력할 수 있는 작은 함수 하나를 정의하겠습니다.

```go
func DijkstraString(dist map[string]uint, prev map[string string) string {
    buf := &bytes.Buffer{}
    writer := tabwriter.NewWriter(buf, 1, 5, 2, ' ',0)
    writer.Write([]byte("Node\tDistance\tPrevious Node\t\n"))
    for key, value := range dist {
        writer.Write([]byte(key + "\t"))
        writer.Write([]byte(strconv.FormatUint(uint64(value), 10) + "\t"))
        writer.Write([]byte(prev[key] + "\t\n"))
    }
    writer.Flush()
    return buf.String()
}
```

이 함수가 어떻게 동작하는지는 크게 신경 쓸 필요가 없으니 간략하게만 살펴보겠습니다. 입력 부분은 다익스트라 함수로부터 두 개의 딕셔너리를 취하고, 출력 부분은 딕셔너리의 표 형태로 문자열을 깔끔하게 표현합니다.

문자열이 변환될 새로운 바이트 버퍼를 생성하는 것으로 함수가 시작되며, 작업을 조금 더 쉽게 만들어 줄 tabwriter라고 하는 모듈이 사용된 것도 보입니다. 새로운 writer 인스턴스를 위해 tabwriter의 New-Writer를 호출하는데, 최소 너비 1, 탭 너비 5, 패딩 2, 패딩 문자 스페이스 바, 특수 플래그는 없는 것으로 설정합니다. 그런 다음 헤더 행(header row)을 작성하고, dist(비용) 딕셔너리에 정의된 각 키와 값 및 prev를 통한 부모를 작성합니다.

마지막으로 writer의 Flush()를 호출(실제 버퍼에 캐시된 모든 변경 사항을 이동하도록 지시)하고, 버퍼를 문자열로 변환하여 반환합니다.

이제 이러한 딕셔너리들을 이용하여 실제 그래프에서 길 찾기를 실행하는 방법을 알아보겠습니다. 이전에 보았던 그림 4.3의 그래프에서 작업한다고 가정합니다.

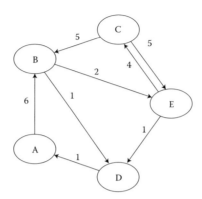

[그림 4.3] 다익스트라 길 찾기에 사용할 그래프

이 프로그램의 main 함수는 코드의 시작 부분에서 정의했던 구조체를 포함하는 그래프를 생성하고, 소스 노드부터 다익스트라를 실행하기 시작합니다.

```
func main() {
        g := NewGraph()
        g.AddNodes("a", "b", "c", "d", "e")
        g.AddLink("a", "b", 6)
        g.AddLink("d", "a", 1)
        g.AddLink("b", "e", 2)
        g.AddLink("b", "d", 1)
        g.AddLink("c", "e", 5)
        g.AddLink("c", "b", 5)
        g.AddLink("e", "d", 1)
        g.AddLink("e", "c", 4)
        dist, prev := g.Dijkstra("a")
        fmt.Println(DijkstraString(dist, prev))
        }
```

완성된 코드는 다음과 같을 것입니다.

```go
package main

import (
    "bytes"
    "fmt"
    "strconv"
    "text/tabwriter"
)

const INFINITY = ^uint(0)

type Node struct {
    Name string
    links []Edge
}

type Edge struct {
    from *Node
    to *Node
    cost uint
}

type Graph struct {
    nodes map[string]*Node
}

func NewGraph() *Graph {
    return &Graph{nodes: map[string]*Node{}}
}

func (g *Graph) AddNodes(names ...string) {
    for _, name := range names {
        if _, ok := g.nodes[name]; !ok {
            g.nodes[name] = &Node{Name: name, links: []Edge{}}
        }
    }
}

func (g *Graph) AddLink(a, b string, cost int) {
    aNode := g.nodes[a]
    bNode := g.nodes[b]
    aNode.links = append(aNode.links, Edge{from: aNode, to: bNode, cost: uint(cost)})
}

func (g *Graph) Dijkstra(source string) (map[string]uint, map[string]string) {
    dist, prev := map[string]uint{}, map[string]string{}
```

```go
    for _, node := range g.nodes {
        dist[node.Name] = INFINITY
        prev[node.Name] = ""
    }
    visited := map[string]bool{}
    dist[source] = 0
    for u := source; u != ""; u = getClosestNonVisitedNode(dist, visited) {
        uDist := dist[u]
        for _, link := range g.nodes[u].links {
            if _, ok := visited[link.to.Name]; ok {
                continue
            }
            alt := uDist + link.cost
            v := link.to.Name
            if alt < dist[v] {
                dist[v] = alt
                prev[v] = u
            }
        }
        visited[u] = true
    }
    return dist, prev
}

func getClosestNonVisitedNode(dist map[string]uint, visited map[string]bool) string {
    lowestCost := INFINITY
    lowestNode := ""
    for key, dis := range dist {
        if _, ok := visited[key]; dis == INFINITY || ok {
            continue
        }
        if dis < lowestCost {
            lowestCost = dis
            lowestNode = key
        }
    }
    return lowestNode
}
func main() {
    g := NewGraph()
    g.AddNodes("a", "b", "c", "d", "e")
    g.AddLink("a", "b", 6)
    g.AddLink("d", "a", 1)
    g.AddLink("b", "e", 2)
    g.AddLink("b", "d", 1)
    g.AddLink("c", "e", 5)
    g.AddLink("c", "b", 5)
```

```
        g.AddLink("e", "d", 1)
        g.AddLink("e", "c", 4)
        dist, prev := g.Dijkstra("a")
        fmt.Println(DijkstraString(dist, prev))
}

func DijkstraString(dist map[string]uint, prev map[string]string) string {
    buf := &bytes.Buffer{}
    writer := tabwriter.NewWriter(buf, 1, 5, 2, ' ',0)
    writer.Write([]byte("Node\tDistance\tPrevious Node\t\n"))
    for key, value := range dist {
        writer.Write([]byte(key + "\t"))
        writer.Write([]byte(strconv.FormatUint(uint64(value), 10) + "\t"))
        writer.Write([]byte(prev[key] + "\t\n"))
    }
    writer.Flush()
    return buf.String()
}
```

시작 노드는 "a"이므로, "a"에서 다른 모든 노드로의 경로를 찾는 코드를 실행하면 다음과 같이 표시됩니다.

```
Node          Distance        Previous Node
a             0
b             6               a
c             12              e
d             7               b
e             8               b
```

이제 딕셔너리에 따라 A에서 D로 가는 가장 좋은 방법을 결정할 수 있습니다. D의 부모는 B이고 B의 부모는 A입니다! 따라서 A → B → D는 A에서 D로 갈 때 비용이 가장 적은 경로가 됩니다.

지금까지 다익스트라 알고리즘을 사용하여 그래프에서 최단 경로를 확인하는 방법을 보여주는 매우 간단한 예시를 살펴봤습니다. 이 코드들은 더 큰 규모의 응용 프로그램에서도 여전히 유용하게 사용할 수 있으며, 이 예제를 구현하며 배운 개념 또한 Go와 함께하는 긴 여행에 큰 도움이 될 것입니다.

4.3 콘웨이의 라이프 게임

콘웨이의 라이프 게임은 수학과 기술 커뮤니티에 속한 사람들 사이에서는 꽤 인기 있는 게임입니다. 이 게임은 최초 설정한 환경 혹은 상태를 변경할 수 없는 제로 플레이어 게임이라는 점에서 기존의 전통적인 게임과는 다른 특별함이 있습니다.

수학자 John Conway에 의해 1970년에 발명된 라이프 게임은, 어떤 수학적 규칙에 따라 살고 죽거나 혹은 곱해지는 셀의 집합체로 구성된 일종의 "세포 자동자[21]" 입니다.

흥미로운 점은 정말 간단한 초기 상태에서 매우 복잡한 동작을 얻을 수 있다는 점입니다. 먼저, 그림 4.4의 그리드를 보세요.

[그림 4.4] 게임 시작 시점의 "콘웨이의 라이프 게임" 그리드 샘플

이것은 실제 셀의 집합체인 그리드입니다. 회색인 모든 셀은 "죽은" 것이고 모든 노란색 셀은 "살아 있는" 것을 의미합니다. 각 반복에서 몇 가지 규칙을 사용하여 셀이 죽어야 하는지, 살아 있어야 하는지 또는 그대로 있어야 하는지를 결정합니다. 콘웨이의 규칙을 사용한 특정 초기 설정을 통해, 노란색 셀이 그리드의 오른쪽 아래로 무한히 이동하는 것을 볼 수 있습니다.

정적 이미지로는 이해하는 데 한계가 있으니 Edwin Martin의 웹사이트 www.bitstorm.org/gameoflife 에서 온라인으로 구현된 게임을 확인해 보세요.

자, 그럼 Go에서 어떻게 게임을 구현할 수 있을지 보기 전에 먼저 규칙부터 빠르게 훑어보겠습니다.

1. 셀이 여전히 살아 있는 경우
   a. 살아 있는 이웃이 2명 미만이면 죽는다.

---

21 세포 자동자 또는 셀룰러 오토마타(cellular automata, 단수 cellular automaton): 계산 가능성 이론, 수학, 물리학, 복잡계, 수리생물학, 미세구조 모델링에서 다루는 이산 모형입니다. 여러 개의 세포 자동자를 세포 공간, 테셀레이션 구조라고도 부릅니다.

b. 살아 있는 이웃이 2명 혹은 3명이면 살아남는다.

c. 살아 있는 이웃이 3명 이상이면 죽는다.

2. 셀이 이미 죽은 경우

a. 살아 있는 이웃이 딱 3명이면 살아 있는 상태가 된다.

시각적으로 매우 흥미로운 동작을 나타낼 뿐 아니라 튜링 완전[22]한데도 규칙이 매우 간단합니다! 더불어 Go를 통해 초기 라이프 게임 상태에서 계산기나 어떤 계산하는 프로그램을 구현할 수도 있습니다.

우리는 실제 동작을 볼 수 있도록, 일반적인 라이프 게임과는 다소 차이가 있는 그래픽 유저 인터페이스 (GUI)를 만들어 볼 것입니다. 이를 위해 "pixel."이라는 패키지를 추가로 임포트합니다.

```
import (
    "github.com/faiface/pixel"
    "github.com/faiface/pixel/pixelgl"
    "image/color"
    "math/rand"
)
```

또한 화면에 렌더링하는 정보를 저장하는 구조체를 만들겠습니다. 여기엔 렌더링하는 픽셀과 화면의 너비 두 가지 정보를 저장합니다. 이때 너비만 저장하고 높이는 저장하지 않는 이유는 픽셀 인덱스(index of the pixels)를 계산하는 데 해당 정보가 필요하지 않기 때문입니다. 관련 사항은 잠시 후에 확인할 수 있습니다.

여기서 한 가지 주의할 점은, 픽셀이 저장되는 방식은 부호 없는 8비트 정수형의 단일 1차원 배열이라는 점입니다. 각 픽셀은 이 배열에서 Red, Green, Blue, Alpha 순서로 4개의 값을 가지며, Alpha는 투명도를 의미합니다.

```
type Pixels struct {
    //RGBA colors
    Pix []uint8
    Width int
}
```

앞서 높이 정보가 필요하지 않다고 한 이유는 Pix 배열에서 픽셀 인덱스를 찾아야 할 때 특정 (x, y) 좌표에 대한 ((y * width) + x) * 4를 계산하면 픽셀의 R 요소에 대한 인덱스를 구할 수 있기 때문입니다 (여기서 x, y는 좌표가 (0,0)인 화면 왼쪽 위 끝 코너의 인덱스입니다). 여기에 1을 더하면 G, 2를 더하면

---

22   튜링 완전(turing completeness): 어떤 프로그래밍 언어나 추상 기계가 튜링 기계와 동일한 계산 능력을 가진다는 의미입니다. 이것은 튜링 기계로 풀 수 있는 문제, 즉 계산적인 문제를 그 프로그래밍 언어나 추상 기계로 풀 수 있다는 의미입니다.

B, 3을 더하면 A, 마지막으로 4를 더하면, 픽셀의 R 요소를 찾을 수 있습니다.

따라서 사용자가 유효한 Y 좌표를 제공했는지 확인하는 것과 같은 안전상의 이유로 높이를 저장할 수도 있겠지만, 반드시 그럴 필요는 없는 것입니다.

이제부터는 특정 너비의 검은색 픽셀 화면으로 초기화하거나, 특정 좌표에서 픽셀의 색상을 설정하는 것과 같은, 구조체와 더욱 쉽게 인터페이스 할 수 있도록 도와주는 함수를 생성해 보겠습니다.

기술적으로 이미 임포트한 Pixel 모듈 내에 우리가 구축하려는 함수들이 이미 존재하므로, 별도로 생성하지 않고도 사용할 수 있습니다. 그러나 그래픽 렌더링이라는 작업 자체가 많은 컴퓨팅 자원을 필요로 하는 사항이고, Pixel 모듈에 포함된 메서드들이 다소 느리게 구현되어 있어, 해당 모듈을 직접 사용하여 대규모 라이프 게임을 실시간으로 실행하는 방법은 불가능에 가깝습니다. 이것은 어떤 계산을 반복하는 행위 자체의 문제가 아니라, 계산 결과를 Pixel이 반복해서 렌더링하는 데 시간이 오래 걸리기 때문이라고 이해하면 좋을 것입니다.

따라서 우리는 자체적으로 구현한 함수를 사용할 것입니다. 이를 통해 사용자는 다른 사람이 작성한 코드로 인해 발생하는 문제에 어떻게 대처해야 하는지도 경험해 볼 수 있을 것입니다. 참고로 Go가 GUI 작업을 위해 만들어진 언어는 아니지만, 필요하다면 쓸 수 있다는 점을 기억해 두세요.

```go
func NewPixels(width, height int) *Pixels {
    return &Pixels{Width: width, Pix: make([]uint8, width*height*4)}
}
func (p *Pixels) DrawRect(x, y, width, height int, rgba color.RGBA) {
    for idx := 0; idx < width; idx++ {
        for idy := 0; idy < height; idy++ {
            p.SetColor(x+idx, y+idy, rgba)
        }
    }
}
func (p *Pixels) SetColor(x, y int, rgba color.RGBA) {
    r, g, b, a := rgba.RGBA()
    index := (y*p.Width + x) * 4
    p.Pix[index] = uint8(r)
    p.Pix[index+1] = uint8(g)
    p.Pix[index+2] = uint8(b)
    p.Pix[index+3] = uint8(a)
}
```

위의 함수들도 간단합니다. NewPixels은 단순히 픽셀 배열을 초기화하고, 새로운 Pixels 구조체를 생성하며, 해당하는 포인터를 전달하게 될 뿐입니다. DrawRect는 직사각형의 왼쪽 위 끝 좌표, 너비, 높이,

색상을 가져와서 해당 직사각형을 Pixels 구조체에 그립니다. 마지막으로 SetColor는 픽셀에 대한 2D 좌표의 1D(1차원) 인덱스를 찾아 색상을 설정합니다.

GUI에 필요한 인프라 구성이 완료되었으므로 이제 라이프 게임의 실제 로직을 작성할 수 있습니다. 이미 살펴보았지만 라이프 게임의 주요 작업 중 한 가지는 특정 노드의 이웃 수를 세는 것입니다. 이때 몇몇 다른 알고리즘들과 달리 라이프 게임에서는 대각선에 있는 노드도 유효한 이웃으로 간주합니다. 따라서 그림 4.5에서 가운데 노드(원이 그려져 있는 노드)의 경우 화살표로 가리키는 8개 노드 모두가 이웃 노드가 됩니다.

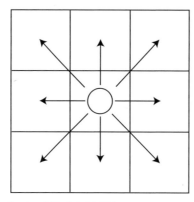

[그림 4.5] 한 상자의 "이웃"으로 간주되는 상자

아직 살아 있는 이웃의 수를 세는 로직을 구현하기 위해, 우리는 이웃의 왼쪽 위에서 시작하여 해당 행의 끝으로 이동하고, 이후 한 행을 내려가서 끝으로 다시 이동하는 행동을 반복할 것입니다. 이때 화면을 벗어나는 인덱스는 모두 건너뛸 것이고(가령, 화면 가장 왼쪽에 있는 상자의 경우에는 그보다 더 왼쪽에 있는 이웃은 세지 않습니다) 이웃으로 이미 카운트한 노드도 건너뛰게 됩니다.

다음은 해당 로직을 구현하는 함수입니다.

```go
func CountNeighbors(matrix [][]int) [][]int {
    neighbors := make([][]int, len(matrix))
    for idx, val := range matrix {
        neighbors[idx] = make([]int, len(val))
    }
    for row := 0; row < len(matrix); row++ {
        for col := 0; col < len(matrix[row]); col++ {
            for rowMod := -1; rowMod < 2; rowMod++ {
                newRow := row + rowMod
                if newRow < 0 || newRow >= len(matrix) {
                    continue
                }
                for colMod := -1; colMod < 2; colMod++ {
```

```
            if rowMod == 0 && colMod == 0 {
                continue
            }
            newCol := col + colMod
            if newCol < 0 || newCol >= len(matrix[row]) {
                continue
            }
            neighbors[row][col] += matrix[newRow][newCol]
        }
      }
    }
  }
  return neighbors
}
```

코드를 자세히 보면 왼쪽 위에서 각 행으로 하나씩 이동하여 이웃을 계산하는 로직을 정확하게 볼 수 있습니다. 함수의 첫 번째 for 루프는 단순히 각 셀의 "살아 있는" 이웃 수를 저장할 2차원 배열을 초기화하는 역할을 합니다.

두 번째 for 루프는 총 3개의 인클로저 중 첫 번째 for 루프에 해당합니다. 이것은 모든 단일 셀을 반복하며, 내부의 두 가지 루프를 사용하여 해당 셀의 "살아 있는" 이웃 수를 계산하는 로직을 수행합니다.

네 개의 중첩 반복문 중 첫 번째 반복문(가장 바깥쪽 반복문)의 역할은 행의 시작에서 끝으로 이동하는 것입니다. 그리고 두 번째 안쪽 반복문은 한 행에서 다른 행으로 이동하는 역할을 합니다. 만약 범위를 벗어나 값을 가져올 수 없는 행 혹은 열을 만나면 반복을 건너뜁니다. 또한 우리가 계산하려고 하는 이웃의 셀과 같은 인덱스인 행과 열도 반복을 건너뜁니다.

그러나 위와 같은 조건에 해당하지 않는 유효한 인덱스의 경우에는, 이웃의 값을 보고 살아 있는지 확인하여 "neighbors" 배열의 셀 값을 증가시킵니다.

계속 이어가기 전에 GameOfLife라고 하는 새로운 구조체를 생성해 보겠습니다. 이 구조체에는 환경의 현재 상태를 표현하는 게임 보드, 게임 보드를 렌더링할 픽셀, 그리고 보드 자체의 셀 크기 정보가 포함됩니다. 이는 셀 하나가 픽셀 한 개 크기가 아니라 믿을 수 없을 정도로 작기 때문입니다. 대신 각 셀은 화면에서 지정된 사이즈로 표시되므로 우리는 이 사이즈 정보를 저장할 필요가 있습니다.

```
type GameOfLife struct {
    gameBoard [][]int
    pixels *Pixels
    size int
}
```

이번에는 새로운 라이프 게임의 인스턴스를 빈 보드에 추가할 수 있는 함수와 50%의 확률로 죽거나 살아 있는 랜덤 셀을 채울 수 있는 함수를 만들겠습니다.

```go
func NewGameOfLife(width, height, size int) *GameOfLife {
    gameBoard := make([][]int, height)
    for idx := range gameBoard {
        gameBoard[idx] = make([]int, width)
    }
    pixels := NewPixels(width*size, height*size)
    return &GameOfLife{gameBoard: gameBoard, pixels: pixels, size: size}
}

func (gol *GameOfLife) Random() {
    for idy := range gol.gameBoard {
        for idx := range gol.gameBoard[idy] {
            gol.gameBoard[idy][idx] = rand.Intn(2)
        }
    }
}
```

이제 이 섹션의 앞에서 정의한 조건들과 방금 정의한 countNeighbors 함수의 출력에 따라 콘웨이의 라이프 게임을 실제로 한 번 반복하는 함수를 만들어 보겠습니다.

함수 내에 캔버스 자체를 업데이트하는 부분도 포함되어 있음을 확인할 수 있을 것입니다. 이 업데이트 함수는 우리가 직접 생성한 함수를 사용하고, 실제로 화면에 렌더링하지 않아 오버헤드가 거의 없이 매우 빠르게 동작할 수 있습니다.

```go
func (gol *GameOfLife) PlayRound() {
    neighbors := CountNeighbors(gol.gameBoard)
    for idy := range gol.gameBoard {
        for idx, value := range gol.gameBoard[idy] {
            n := neighbors[idy][idx]
            if value == 1 && (n == 2 || n == 3) {
                continue
            } else if n == 3 {
                gol.gameBoard[idy][idx] = 1
                gol.pixels.DrawRect(idx*gol.size, idy*gol.size, gol.size, gol.size, Black)
            } else {
                gol.gameBoard[idy][idx] = 0
                gol.pixels.DrawRect(idx*gol.size, idy*gol.size, gol.size, gol.size, White)
            }
        }
    }
}
```

GameOfLife 구조체에 대한 포인터 리시버를 구현하고, 인자값이 없으며, 포인터를 통해 전달된 구조체를 수정하기 때문에 반환하는 값은 존재하지 않는 간단한 구성의 코드임을 알 수 있습니다.

먼저 게임 보드의 각 셀에 대해 "살아 있는" 모든 이웃을 세고 나서, 게임 보드의 모든 Y 인덱스를 반복하기 시작합니다. 그리고 해당하는 행에 대해 모든 열을 반복하며 보드에 대한 정보를 파악합니다. 만약 셀이 살아있고 이웃 수가 2 혹은 3이라면 셀은 변경 없이 그대로 유지되고, 죽은 상태인 셀의 이웃 수가 3일 경우 해당 셀은 살아 있는 상태로 변경되며, 어떤 조건에도 해당하지 않는 셀은 죽은 상태로 변경됩니다.

또한 셀의 상태가 살거나 죽은 것으로 변경될 때마다 픽셀도 변경됩니다.

이제 마지막으로, 캔버스를 생성하고, 픽셀을 렌더링하며, 라이프 게임을 생성하고, 반복을 수행하여 캔버스를 업데이트하는 main 함수와 앞에서 배운 모든 것을 연결해 보겠습니다. 실행 화면을 종료하면 라이프 게임 반복이 끝이 나고 프로그램에서 빠져나오게 될 것입니다.

```
func run() {
    size := float64(2)
    width := float64(400)
    height := float64(400)
    cfg := pixelgl.WindowConfig{
        Title: "Conway's Game of Life",
        Bounds: pixel.R(0, 0, width*size, height*size),
        VSync: true,
    }
    win, err := pixelgl.NewWindow(cfg)
    if err != nil {
        panic(err)
    }
    gol := NewGameOfLife(int(width), int(height), int(size))
    gol.Random()
    for !win.Closed() {
        gol.PlayRound()
        win.Canvas().SetPixels(gol.pixels.Pix)
        win.Update()
    }
}
func main() {
    pixelgl.Run(run)
}
```

코드는 이제 다음과 같은 형태가 됩니다.

```go
package main

import (
    "github.com/faiface/pixel"
    "github.com/faiface/pixel/pixelgl"
    "image/color"
    "math/rand"
)

var (
    Black = color.RGBA{0, 0, 0, 255}
    White = color.RGBA{255, 255, 255, 255}
)

// Canvas
type Pixels struct {
    // RGBA colors
    Pix []uint8
    Width int
}

// Create a new canvas with dimension width x height
func NewPixels(width, height int) *Pixels {
    return &Pixels{Width: width, Pix: make([]uint8, width*height*4)}
}

func (p *Pixels) DrawRect(x, y, width, height int, rgba color.RGBA) {
    for idx := 0; idx < width; idx++ {
        for idy := 0; idy < height; idy++ {
            p.SetColor(x+idx, y+idy, rgba)
        }
    }
}

func (p *Pixels) SetColor(x, y int, rgba color.RGBA) {
    r, g, b, a := rgba.RGBA()
    index := (y*p.Width + x) * 4
    p.Pix[index] = uint8(r)
    p.Pix[index+1] = uint8(g)
    p.Pix[index+2] = uint8(b)
    p.Pix[index+3] = uint8(a)
}

type GameOfLife struct {
    gameBoard [][]int
    pixels *Pixels
```

```go
    size int
}

// Create a new GameOfLife structure with width*height number
// of cells.
// Size control how big to render the board game
func NewGameOfLife(width, height, size int) *GameOfLife {
    gameBoard := make([][]int, height)
    for idx := range gameBoard {
        gameBoard[idx] = make([]int, width)
    }
    pixels := NewPixels(width*size, height*size)
    return &GameOfLife{gameBoard: gameBoard, pixels: pixels, size: size}
}
func (gol *GameOfLife) Random() {
    for idy := range gol.gameBoard {
        for idx := range gol.gameBoard[idy] {
            gol.gameBoard[idy][idx] = rand.Intn(2)
        }
    }
}

func CountNeighbors(matrix [][]int) [][]int {
    neighbors := make([][]int, len(matrix))
    for idx, val := range matrix {
        neighbors[idx] = make([]int, len(val))
    }
    for row := 0; row < len(matrix); row++ {
        for col := 0; col < len(matrix[row]); col++ {
            for rowMod := -1; rowMod < 2; rowMod++ {
                newRow := row + rowMod
                if newRow < 0 || newRow >= len(matrix) {
                    continue
                }
                for colMod := -1; colMod < 2; colMod++ {
                    if rowMod == 0 && colMod == 0 {
                        continue
                    }
                    newCol := col + colMod
                    if newCol < 0 || newCol >= len(matrix[row]) {
                        continue
                    }
                    neighbors[row][col] += matrix[newRow][newCol]
                }
            }
        }
    }
    return neighbors
```

```go
}

func (gol *GameOfLife) PlayRound() {
    neighbors := CountNeighbors(gol.gameBoard)
    for idy := range gol.gameBoard {
        for idx, value := range gol.gameBoard[idy] {
            n := neighbors[idy][idx]
            if value == 1 && (n == 2 || n == 3) {
                continue
            } else if n == 3 {
                gol.gameBoard[idy][idx] = 1
                gol.pixels.DrawRect(idx*gol.size, idy*gol.size, gol.size, gol.size, Black)
            } else {
                gol.gameBoard[idy][idx] = 0
                gol.pixels.DrawRect(idx*gol.size, idy*gol.size, gol.size, gol.size, White)
            }
        }
    }
}

func run() {
    size := float64(2)
    width := float64(400)
    height := float64(400)
    cfg := pixelgl.WindowConfig{
        Title: "Conway's Game of Life",
        Bounds: pixel.R(0, 0, width*size, height*size),
        VSync: true,
    }
    win, err := pixelgl.NewWindow(cfg)
    if err != nil {
        panic(err)
    }
    gol := NewGameOfLife(int(width), int(height), int(size))
    gol.Random()
    for !win.Closed() {
        gol.PlayRound()
        win.Canvas().SetPixels(gol.pixels.Pix)
        win.Update()
    }
}

func main() {
    pixelgl.Run(run)
}
```

프로그램을 실행하면 새로운 셀에게 생명을 주거나 무질서하게 죽이기도 하는 그림 4.6과 같은 라이프 게임을 볼 수 있습니다.

[그림 4.6] 동작 중인 라이프 게임 애플리케이션의 스냅샷

지금까지 Go를 통해 전체 GUI를 포함한 실제 애플리케이션을 구축해 보았으니, 이번에는 유저 인터페이스가 없는 다른 애플리케이션을 구현해 보려고 합니다. 세계에서 가장 과장된 기술 중 하나인 블록체인의 기본 구성을 만들어 볼 예정인데, 분명 재미있을 것입니다!

4.4 작업 증명 1

이 예시 프로그램의 이름과 로직이 실제보다 다소 무섭게 들릴 수 있겠지만 기본적인 아이디어는 매우 간단합니다. 바로 수학적으로 계산할 수 없는 값에 브루트 포스[23](brute force)를 시도하는 것입니다.

20줄 정도밖에 되지 않는 이 코드들을 조금 더 근본적으로 이해하고 나면, 이것이 왜 다음 장인 제5장에서 중요한 예제인지 알 수 있을 것입니다.

먼저 "암호화 해싱 함수(cryptographic hashing functions)"로 알려진 함수 클래스에 관해 얘기해 보겠습니다. 이 함수의 이면에 있는 아이디어는 임의의 바이트 시퀀스를 알려진 크기로 매핑할 수 있다는 것입니다.

이때 출력은 고정된 크기이지만 입력은 무한히 클 수 있으므로 특정 출력에 매핑할 수 있는 입력의 수가 무한할 수 있으며, 이로 인해 아주 작은 입력의 변화가 출력에 급격한 변화를 일으킬 수 있습니다.

한편, 두 개의 개별 입력이 해싱 함수를 통해 같은 출력에 매핑되는 경우를 "해시 충돌(hash collision)"이라고 부르는데, 일부 시스템에서는 이것이 문제가 될 수도 있습니다. 그러나 우리가 잠시 후 다루게

---

23   브루트 포스(무차별 대입 공격, brute-force attack): 특정한 암호를 풀기 위해 가능한 모든 값을 대입하는 것을 의미합니다. 대부분의 암호화 방식은 이론적으로 무차별 대입 공격에 대해 안전하지 못하며, 충분한 시간이 존재한다면 암호화된 정보를 해독할 수 있습니다.

될 사항은 순수하게 가능한 출력의 수이기 때문에 해시 충돌이 문제가 될 가능성이 매우 낮습니다. 따라서 해당 문제는 무시하겠습니다.

가장 인기 있는 해시 함수(hashing functions) 중 하나를 꼽으라면 "SHA256"이 있습니다. 이 함수는 256비트(32바이트) 길이의 해시를 출력합니다. 이 함수로 "입력의 작은 변화가 출력에 큰 영향을 줄 수 있음"을 알아보겠습니다. 다음은 "Tanmay Bakshi"에 대한 SHA256 해시의 16진수 표현입니다.

```
0x315920ffce53870d99f349ed8cebaab5c30f8efcc2f6ff835fe594e253928b54
```

이번에는 "a" 딱 한 개만 "b"로 바꾼 "Tbnmay Bakshi"에 대한 해시를 살펴보겠습니다.

```
0x6d3d44c306e9367484621e6639171226fc3b2daff31a8e60efb06168f2e7904f
```

한눈에 보아도 전혀 다른 값이라는 것을 알 수 있습니다. 이러한 해시를 해독하려고 한다면 상위 10위 안에 드는 슈퍼컴퓨터로 수십 년간 연산해야만 겨우 가능할 것입니다. 만약 포기하지 않고 계속 해독을 시도하여 끝내 후손들이 문제를 해결했다고 하여도 그때에는 해당 해시가 보호하는 데이터의 가치가 없어졌을 것이므로, 해시의 해독은 불가능에 가깝다고 할 수 있습니다.

그러나 이러한 해시 함수의 속성을 이용하여 매우 영리한 방법으로 구현한 기술이 있는데, 바로 블록체인입니다. 블록체인의 목표는 특정 지갑의 주소에 있는 통화의 양을 결정하기 위해 트랜잭션 "블록"의 진위를 확인하는 것입니다. 그리고 블록의 진위는 그것을 합법화하기 위해 얼마나 많은 "일"이 투입되었는지를 검증하여 확인할 수 있습니다.

예를 들어, 다음 문자열을 살펴보겠습니다.

```
"Tanmay Bakshi + Baheer Kamal"
```

매우 표준적인 문자열이며, 이에 대한 16진수 SHA256 해시는 다음과 같습니다.

```
0x9D2BE96E68D9432AB2D883C51C2CD872DCACA6CA1495EF8A4E8865A9CCA7FBA9
```

이제 출력의 처음 몇 바이트가 모두 0이 되도록 이 문자열의 끝에 특정 바이트 시퀀스를 추가하려고 한다고 상상해 보세요. 엄청나게 큰 작업이 되겠지만 분명 가능한 일입니다. 예를 들어 다음 문자열을 보겠습니다.

```
"Tanmay Bakshi + Baheer KamalEHjjDodhxmxORke8hv0t"
```

이것을 16진수 해시로 표현하면 다음과 같습니다.

```
0x00000096408c134fb028dd260ce9e682e3524538442f34c874b4a4e7267997d2
```

특정 시퀀스를 추가하는 것만으로 조건에 맞는 해시값을 찾을 수 있음을 확인하였습니다. 사실 이렇게 많은 0을 찾기 위해 약 1,300만 번의 임의 문자열 대입 시도가 필요한데, Go는 3초도 채 안 돼서 처리할 수 있습니다. 이는 초당 약 400만 개의 랜덤 해시를 처리할 수 있음을 의미합니다.

실제 블록체인 기술에서는 문자열 "Tanmay Bakshi + Baheer Kamal"과 같은 것이 존재하지 않으므로, 살펴본 예시가 크게 관계없을 수 있겠지만 전체적인 흐름을 이해하는 데는 도움이 될 수 있을 것입니다. 실제 블록체인에서는 지불과 트랜잭션을 표현하는 바이트 시퀀스가 존재합니다. 그리고 이에 대한 작업 증명 조건을 충족하는 시퀀스를 찾고, 생성하는 다음 트랜잭션 블록에서 이 블록에 대한 참조를 가짐으로써, 이미 발생한 트랜잭션이 조작되지 않았다는 것을 확인할 수 있습니다. 만약 블록이 조작되었다면 전체 체인에 대한 작업 증명이 실패하게 됩니다. 따라서 천문학적으로 발생할 수 없는 우연의 일치로 해당 블록체인이 필요로 하는 정확한 해시를 반환하는 알고리즘을 찾지 않는 한 조작에 대해 걱정할 필요가 없는 것입니다.

실제 코드는 한 개의 함수로 구현할 수 있지만, 그 전에 몇몇 유틸리티와 도움을 줄 수 있는 함수의 구현이 필요합니다. 먼저 유틸리티를 가져와 보겠습니다.

```go
import (
    "github.com/dustin/go-humanize"
    "time"
    "fmt"
    "crypto/sha256"
)
```

이번에는 도우미 함수들 차례입니다. 난수를 생성하는 함수가 필요합니다.

```go
func RandomNumber(seed uint64) uint64 {
    seed ^= seed << 21
    seed ^= seed >> 35
    seed ^= seed << 4
    return seed
}
```

아마도 몇몇 사람은 다음과 같이 생각할 수 있을 것입니다. "Go의 표준 라이브러리는 난수를 편하게 생성하는 함수도 제공하지 않는 건가요!?" 사실 Go는 지나치게 좋은 난수 생성 함수를 이미 제공하고 있습니다. 여기서 지나치게 좋다는 것은 어떤 의미일까요?

이것을 이해하기 위해서는 먼저, 컴퓨터는 실제로 난수를 생성할 수 없는 결정론적[24] 기기라는 것을 기억해야 합니다. 기술적으로 우주의 모든 것은 거시적 수준에서 결정론적이며, 사물은 양자 수준에서만 확률론적입니다. 우주에서 그나마 날씨와 같은 혼돈[25]은 랜덤과 가까워 보이는데, 이것은 우리가 얘기하고 있는 주제에서 범위를 벗어난 이야기입니다. 컴퓨터는 우리가 필요로 하는 무작위성이 "충분히 균일한"숫자를 생성하기 위하여, 혼돈 수학을 사용하는 "의사 난수 생성기(pseudo random number generators, PRNG)"로 알려진 알고리즘을 구현합니다.

이러한 알고리즘은 계산 시간 측면에서는 매우 가벼울 수 있지만, 복잡성 측면에서는 그렇지 못합니다. 일부는 매우 간단하고 "충분히 좋은" 숫자 분포를 제공할 수도 있겠지만, 또 다른 일부는 매우 무겁고 암호학적으로도 안전한 난수를 제공한다는 의미입니다. 그러나 우리는 전혀 무겁지 않은 매우 간단한 난수 정도만 필요하므로, 아주 간단한 PRNG를 직접 구현하는 것이 훨씬 유리합니다.

CPU 사이클 측면에서도 난수 생성 함수를 가볍게 구성해야 하는데, 이는 바로 해당 함수가 수천만 혹은 수억 번 호출 되므로 주의를 기울이지 않으면 많은 부하가 가해지기 때문입니다. 자주 호출되는 코드들에 대해서는, 비록 코드가 간단해 보인다고 할지라도, 많은 주의를 기울여 최적화를 진행해야 합니다. 반대로 복잡한 코드라도 몇 번 호출되지 않는다면 굳이 아주 잘 최적화할 필요는 없을 것입니다.

이제 위에서 구현한 함수로 다시 돌아갑니다. 이 난수 생성기는 난수 시드로 몇 가지 비트 수준 작업을 실행하고 새로운 숫자를 반환합니다. 구체적으로 필요한 특정 범위의 난수를 구하기 위해 함수에 시드를 입력하고 결과를 가져와서, 해당하는 범위의 길이에 대한 모듈로 연산[26](modulus operation)을 실행합니다. 다음 예시를 보세요.

```
//0부터 9까지의 난수 생성
seed := 42 // 해당하는 값은 임의 지정 가능
seed = RandomNumber(seed) // 새로운 시드 생성
rn := seed % 10 // 생성되는 난수
seed = RandomNumber(seed) // 위와 다른 새로운 시드 생성
rn := seed % 10 // 위와 달리 새롭게 생성되는 난수
```

---

24   결정론적 알고리즘(deterministic algorithm): 주어진 특정 입력은 항상 같은 결과(output)을 나타낸다는 의미입니다.

25   날씨는 혼돈 시스템(chaotic system)입니다. 날씨 예측 초기 조건의 작은 에러는 매우 빠르게 증폭되어 실제 예측에 큰 영향을 끼칩니다. 동역학계 이론에서, 혼돈(混沌, chaos) 또는 카오스는 특정 동역학계의 시간 변화가 초기 조건에 지수적으로 민감하며, 시간 변화에 따른 궤도가 매우 복잡한 형태를 보이는 현상입니다.

26   모듈로 연산(Modulo Operation): 어떤 한 숫자를 다른 숫자로 나눈 나머지를 구하는 연산으로, 나머지 연산(mod)이라고 합니다.

컴퓨터는 결정론적이기 때문에, 같은 시드를 입력하면 항상 같은 난수를 출력합니다. 이런 이유로 1970년부터 시작하는 타임 스탬프[27]같이 빠르게 변하는 것으로 시드를 시작합니다.

앞으로 나올 코드에 위 내용이 똑같이 포함되지는 않겠지만 이것이 기반이 될 것이라는 걸 기억해 두세요.

다음으로 임의의 문자열을 생성할 수 있는 함수를 구현해야 합니다. 임의의 문자열에서 사용할 문자를 가져오는 전역 변수와 함수가 필요하며, 아래는 그 구현 예시입니다.

```
var characterSet = []byte("abcdefghijklmnopqrstuvwxyzABCDEFGHIJKLMNOPQRSTUVWX
YZ1234567890")
func RandomString(str []byte, offset int, seed uint64) uint64 {
    for i := offset; i < len(str); i++ {
        seed = RandomNumber(seed)
        str[i] = characterSet[seed%62]
    }
    return seed
}
```

이 함수는 꽤 간단한 방식으로 작동합니다. 함수 선언 전에 characterSet이라는 새로운 전역 변수를 정의합니다. 변수는 바이트 배열의 형태인데, 여기서 배열은 단일 문자열을 통해 정의됩니다. 각 문자는 기본적으로 이 배열에서 고유한 요소가 되며, 우리는 이 배열에서 임의의 문자열을 위한 문자를 선택합니다.

또 이 함수는 "Tanmay Bakshi + Baheer Kamalxxxxxx" 같은 전체 문자열이 포함된 부분의 바이트, 문자열에서 "xxxxxx"에 해당하는 곳이 어디인지를 알려 주는 오프셋, 그리고 난수 시드를 갖습니다.

그런 다음 랜덤한 섹션(오프셋) 시작 부분에서 문자열 끝까지 반복하며, characterSet에 임의의 문자를 배치하고 아까 작성한 PRNG를 사용하여 선택합니다. 그 후 새로운 시드를 반환합니다.

이 함수가 설계된 방식은 새로운 해시를 시도할 때마다 같은 메모리 공간을 재사용함으로써, 문자열의 복사본을 메모리에 만들 필요가 없도록 해 코드를 더 빠르게 만드는 것입니다.

이제 마지막으로 문자열과 작업 증명 조건을 가져와 해당 조건을 충족하는지를 알려 주는 도우미 함수를 구현해 보겠습니다.

---

27 "1970년 이후의 타임스탬프" 관련하여 https://futurecreator.github.io/2018/06/07/computer-system-time/에서 "컴퓨터 시간의 1970년은 무슨 의미일까요?"를 참고하길 바랍니다.

```go
func Hash(data []byte, bits int) bool {
    bs := sha256.Sum256(data)
    nbytes := bits / 8
    nbits := bits % 8
    idx := 0
    for ; idx < nbytes; idx++ {
        if bs[idx] > 0 {
            return false
        }
    }
    return (bs[idx] >> (8 - nbits)) == 0
}
```

이 함수는 확인해야 하는 데이터와 모두 0이 되어야 하는 해시의 연속 시작 비트를 취하며, 다음과 같은 단계를 통해 작업을 수행합니다.

1. Go의 빌트인 암호화 패키지를 사용하여 데이터의 SHA256 해시를 계산합니다.
2. 모두 0이 되어야 하는 바이트 수를 계산합니다.
3. 모두 0이 되어야 하는 바이트 뒤의 나머지 비트 수를 계산합니다.
4. 바이트를 반복하며 확인하여, 0이 아닌 값이 있는 바이트가 있으면 "false"를 반환합니다(작업 증명 조건을 충족하지 않음).
5. 바이트가 정상이면 비트 시프트를 실행하여, 마지막 몇 비트에 대해서도 작업 증명 조건을 충족하는 지 확인합니다. 조건에 맞으면 true를 그렇지 않으면 false를 반환합니다.

도우미 함수 구현을 끝냈습니다. 이제 마지막으로 코드의 주요 기능에 해당하는, 임의의 문자에 매칭되는 시퀀스를 찾아내는 함수를 작성하겠습니다.

```go
func pow(prefix string, bitLength int) {
    start := time.Now()

    totalHashesProcessed := 0
    seed := uint64(time.Now().Local().UnixNano())
    randomBytes := make([]byte, 20)
    randomBytes = append([]byte(prefix), randomBytes...)
    for {
        totalHashesProcessed++
        seed = RandomString(randomBytes, len(prefix), seed)
        if Hash(randomBytes, bitLength) {
            fmt.Println(string(randomBytes))
            break
        }
    }
    end := time.Now()
```

```
fmt.Println("time:", end.Sub(start).Seconds())
fmt.Println("processed", humanize.Comma(int64(totalHashesProcessed)))
fmt.Printf("processed/sec: %s\n", humanize.Comma(int64(float64(totalHashesProcessed)/end.
    Sub(start).Seconds())))
}
```

미리 구현해 둔 도우미 함수들 덕분에 함수가 매우 간단해진 것을 확인할 수 있습니다. 먼저 시작된 시간을 기록하며 코드가 진행되는데, 함수의 마지막 부분에서 이 값으로 솔루션을 찾는 데 걸린 시간과 초당 처리할 수 있는 해시 수를 계산할 수 있습니다.

그런 다음 확인된 총 해시 수, 랜덤 시드(타임스탬프 기반) 및 임의의 문자열과 접두사가 연결된 바이트 배열 등에 필요한 몇 가지 변수를 생성합니다.

다음으로, 실행 단계를 의미하는 해시 프로세스의 무한 루프를 처리한 해시의 수를 증가시키는 코드와 함께 시작합니다. 우리의 문자열은 새로운 임의의 문자로 채워지고, 랜덤 시드도 수정(refresh)됩니다. 만약 작업 증명 조건을 만족했다면 해결된 내용을 출력하고 반복을 빠져나오나, 그렇지 않은 경우는 break에 도달할 때까지 반복을 계속합니다.

이제 종료 시간을 구해 일부 통계들과 함께 출력할 차례입니다. 커다란 수를 읽기 편하게 하는 콤마를 배치하기 위해 "humanize"라는 모듈을 사용합니다.

마지막으로 pow를 호출하는 main 함수를 추가하는 일만 남아 있습니다. 다음을 살펴보세요.

```
func main() {
    pow("Tanmay Bakshi + Baheer Kamal", 24)
}
```

전체 코드는 다음과 같습니다.

코드 4.3 "작업 증명" 애플리케이션

```
package main

import (
    "github.com/dustin/go-humanize"
    "time"
    "fmt"
    "crypto/sha256"
)

var characterSet = []byte("abcdefghijklmnopqrstuvwxyzABCDEFGHIJKLMNOPQRSTUVWX
YZ1234567890")
```

```go
func RandomNumber(seed uint64) uint64 {
    seed ^= seed << 21
    seed ^= seed >> 35
    seed ^= seed << 4
    return seed
}

func RandomString(str []byte, offset int, seed uint64) uint64 {
    for i := offset; i < len(str); i++ {
        seed = RandomNumber(seed)
        str[i] = characterSet[seed%62]
    }
    return seed
}

func Hash(data []byte, bits int) bool {
    bs := sha256.Sum256(data)
    nbytes := bits / 8
    nbits := bits % 8
    idx := 0
    for ; idx < nbytes; idx++ {
        if bs[idx] > 0 {
            return false
        }
    }
    return (bs[idx] >> (8 - nbits)) == 0
}

func pow(prefix string, bitLength int) {
    start := time.Now()

    totalHashesProcessed := 0
    seed := uint64(time.Now().Local().UnixNano())
    randomBytes := make([]byte, 20)
    randomBytes = append([]byte(prefix), randomBytes...)
    for {
        totalHashesProcessed++
        seed = RandomString(randomBytes, len(prefix), seed)
        if Hash(randomBytes, bitLength) {
            fmt.Println(string(randomBytes))
            break
        }
    }
    end := time.Now()

    fmt.Println("time:", end.Sub(start).Seconds())
    fmt.Println("processed", humanize.Comma(int64(totalHashesProcessed)))
```

```
    fmt.Printf("processed/sec: %s\n", humanize.Comma(int64(float64(totalHashesProcessed)/end.
      Sub(start).Seconds())))
}

func main() {
    pow("Tanmay Bakshi + Baheer Kamal", 24)
}
```

여기서 우리는 24개의 연속적인 0의 시작 비트를 찾도록 함수에 요청하고 있습니다. 위에서 정의된 문자는 변경할 수 있으며 찾을 0의 개수도 원하는 대로 바꿀 수 있지만, 개수가 커질수록 시스템에 가해지는 부하는 비선형적으로 증가한다는 사실을 염두에 두어야 합니다.

최적화된 위 코드를 그대로 실행하면 다음과 같은 결과를 확인할 수 있습니다.

```
Tanmay Bakshi + Baheer KamalEHjjDodhxmxORke8hv0t
time: 2.7946521730000002
processed 12,814,971
processed/sec: 4,585,533
```

초당 450만 해시를 처리한다는 것이 인상적으로 보일 수 있겠지만, 컴퓨팅 세계에서는 초보에 해당하는 숫자(rookie numbers)일 뿐입니다. CPU 환경에서는 초당 3000만, GPU 환경에서는 초당 80억 정도의 처리가 가능하다는 사실을 우리는 인상 깊게 받아들일 필요가 있습니다.

한편 이 코드를 개선하여 빠르게 만드는 것에는 한계가 존재하지 않습니다. 예를 들어 동시성을 이용한 멀티프로세스를 통해 동시에 임의의 문자열을 처리하여 속도를 개선할 수 있는데, 이에 대한 학습은 제5장에서 진행할 것입니다.

지금까지 Go에서 몇 가지 일반적인 알고리즘과 기술을 구현하는 방법을 배웠으므로, 이제부터는 이 코드를 한 단계 높은 수준으로 끌어올리겠습니다. 고루틴과 같이 Go를 차별화할 수 있는 언어 기능을 이용하여 코드를 최적화하고 수행을 빠르게 하는 방법을 배울 것입니다. 새로운 최적화로 속도 장벽을 넘어설 때마다, 새로운 학습 내용을 통해 프로그래머로서 한발 더 나아갔다는 뿌듯한 기분을 느낄 수 있을 것입니다.

·· 연습문제

1 ▶ 속도를 빠르게 하려고 적용하는, 이번 장에서 소개된 일반적인 방식과 조금 다른 방법의 몇몇 코드 최적화 사례를 설명해 보세요.

2 ▶ 그래프에서 작동하도록 의도된 다익스트라 알고리즘을 미로와 같은 "map"에서 작동하도록 변경하려면 어떻게 해야 하나요?

3 ▶ NOT, OR, AND, 또는 XOR 연산자 중 비트 단위에 의도된 것은 무엇인지 답하고, 이러한 연산자의 동작을 테스트하는 프로그램을 작성해 보세요.

4 ▶ 컴퓨터가 진정한 난수를 생성할 수 있을까요? 그렇거나 그렇지 않다면 그 이유는 무엇인가요?

5 ▶ 변수를 복사하지 않으면, 비용이 많이 드는 어떤 작업을 피할 수 있습니다. 이 작업은 무엇일까요?

6 ▶ 다익스트라 길 찾기 알고리즘 대한 코드 4.1에서, B에서 D로의 비용을 1에서 10으로 변경했을 경우의 결과를 예측하고 실제 프로그램 결과와 일치하는지 확인해 보세요.

7 ▶ 임의의 두 가지 데이터 조각에서 SHA256 해시 충돌이 발생할 가능성은 얼마나 될까요?

제5장

동시성

5.1 동시성, 스레드, 그리고 병렬성

5.2 고루틴

5.3 채널

5.3.1 select 문

5.4 작업 증명 2

. . .

제5장에 온 것을 환영합니다! 지금까지 Go에 대하여 상당히 많은 내용을 학습했으므로, 간단하거나 적당히 복잡한 애플리케이션을 구현할 수 있게 되었을 것입니다. 그러나 모든 가능성을 개방해 Go를 마스터하기 위해서는, 현대 컴퓨팅의 초석이라고 할 수 있는 동시성에 대해 잘 이해하고 있어야만 합니다. 왜냐하면 동시에 여러 작업을 수행하거나 다양한 실행 스트림(multiple execution streams)을 전환하는 것으로, 오늘날 컴퓨터는 과거에는 불가능했던 다양한 일들을 수행할 수 있기 때문입니다.

이번 장의 학습을 마치면 다음 질문들에 답할 수 있을 것입니다.

- 스레드와 프로세스는 무엇인가요?

- 동시성과 병렬성(parallelism)은 무엇인가요?

- 그린 스레드(green threads)와 유저 스페이스 스레드(user-space threads)의 동작 방식은 어떻게 되나요?

- 고루틴이 스레드를 이용하는 것보다 나은 이유는 무엇인가요? 언제 사용하지 말아야 할까요?

- 채널을 통해 다양한 고루틴 간에 어떻게 소통할 수 있나요?

- 고루틴은 어떻게 한 번에 여러 소스의 입력을 기다릴 수 있을까요?

5.1 동시성, 스레드, 그리고 병렬성

현대 컴퓨팅의 핵심이라고 할 수 있는 동시성은, 컴퓨터가 각각의 독립적인 명령 스트림들을 동시에 실행할 수 있도록 하여, 많은 애플리케이션이 한꺼번에 동작하는 것을 가능하게 했습니다.

만약 컴퓨터가 한 번에 한 가지 작업만을 할 수 있다고 상상해 본다면 모든 일에 엄청난 제한이 있을 것이 분명해 보입니다. 그래픽 인터페이스 기술은 존재하지도 않았을 것이며, 모든 것이 커맨드 라인 인터페이스(CLI)에 의존하고 있었을 것입니다.

일부 시스템에서는 동시성을 단순히 CPU가 한 프로세스의 수행 명령을 다른 프로세스로 빠르게 전환하는, 마치 사람이 동시에 여러 일을 처리하는 것으로 정의하기도 합니다.

그러나 이와 같은 동작에는 많은 한계가 존재합니다. 대표적으로 많은 컴퓨팅 시간이 있어야 하는 여러 개의 프로세스를 한 번에 실행하기 위해 CPU는 엄청나게 많은 시간이 필요합니다. 또한 각 프로세스를 계속 전환하는 데에도 추가적인 컴퓨팅 파워가 소모될 것입니다.

이러한 이유로 오늘날의 CPU에는 "코어"가 존재하며, 코어가 많을수록 동시에 수행할 수 있는 독립적인 실행 스트림이 많아집니다. 이는 한 프로세스의 명령이 하나의 "코어"에서 실행될 때도, 완전히 다른 프로세스가 같은 "클록 사이클" 동안 다른 "코어"에서 명령을 실행할 수 있음을 의미합니다.

이 기술의 진정한 가치는 옛것에 새로운 것이 더해질 때 나타나기 시작합니다.

동시에 여러 개의 다른 프로세스를 실행할 수 있는 다수의 물리적 코어가 존재하고, 프로세스 간에 전환을 매우 빠르게 할 수 있어, 설계상 동시성을 요구하는 GUI와 같은 시스템을 구축할 수 있다고 상상해 보세요! 바로 이것이 CPU부터 운영체제, 프로그래밍 언어에까지 이르는 현대의 컴퓨팅 시스템이 설계되는 방식입니다.

이제 우리는 단일 CPU와 OS 인스턴스가 동시에 수천 개의 서로 다른 여러 프로세스를 실행할 수 있다는 것을 알게 되었습니다. 그러나 만약 하나의 독립 프로세스가 자체적으로 여러 실행 스트림을 동시에 실행해야 하면 어떨까요?

예를 들어, 웹 브라우저에 탭을 여러 개 연다고 가정해 보겠습니다. 기술적으로 브라우저는 단일 프로세스이지만 코드 실행이 필요한 여러 탭이 있는 상황입니다. 바로 이러한 상황에서 스레드가 필요합니다. 스레드는 자체 "스택 포인터"와 레지스터가 있는 프로세스의 무겁지 않은 한 부분이라고 할 수 있습니다. 프로세스는 수백 개의 스레드를 생성할 수 있으며, 운영체제는 다른 프로세스와 마찬가지로 해당 스레드를 CPU에 매핑합니다.

여기서 참고할 점 한 가지는, 우리가 사용하는 브라우저에 따라 예외가 있을 수 있다는 사실입니다. 예를 들어, 구글의 크롬 웹 브라우저는 각 탭이 자체적인 완전한 프로세스를 갖고 있어 벤치마크 점수가 높게 나오기는 쉽지만 리소스를 많이 사용합니다. 이와 같은 이유로 크롬은 스레드를 사용하는 사파리, 파이어폭스 등의 브라우저보다 노트북과 RAM에서 배터리 전력을 훨씬 더 많이 소모하는 것으로 악명이 높습니다.

이 시점에서 여러분 중 일부는 아마도 '수천 개의 스레드와 프로세스를 운영체제에서 효율적으로 처리할 수 있다니, 너무 좋은 거 아닌가요!'라고 생각할 수 있을 것 같습니다. 그러나 너무 좋은 건 대부분 사실이 아닙니다. 불행하게도 스레드를 확장하는 데에는 상당한 제약이 따릅니다.

프로세스보다 상대적으로 가벼운 스레드지만, 스피닝과 락[28]을 획득하는 작업은 온전한 시스템 콜과 커널과의 상호 작용 등을 필요로 하므로 여전히 상당한 비용이 필요합니다. 따라서 수천 개의 스레드가 필요한 경우에도, 수십 또는 수백 개 정도의 스레드만 스피닝을 하고 여러 작업을 수행하도록 하는 것이 더 효율적입니다.

이와 같은 이유로 오늘날 소프트웨어 대부분에는 실제로 두 종류의 스레드가 존재합니다. 바로 우리가 이미 살펴본 커널 레벨에서 처리되는 네이티브 스레드(native threads)와 잠시 후에 논의할 유저 레벨에서 처리되는 그린 스레드(green threads)입니다.

잠시 웹 서버를 생각해 보겠습니다. 단일 시스템이 처리해야 하는 수천, 수만 개의 요청을 한꺼번에 받는 상황이 종종 발생할 것입니다. 이 경우 스케줄러의 스레드 전환에 필요한 시간이 스레드 자체 업무에 필요한 시간보다 더 오래 걸릴 수 있으므로, 일반적인 스레드만으로는 효과적으로 작업을 처리할 수 없습니다.

따라서 웹 서버는 싱글 스레드 내 코드의 특정 지점에서 여러 개의 다른 그린 스레드 간 전환이 가능하고 서버 자체에서 처리되는 "그린 스레드"를 구현합니다. 이는 "컨텍스트 스위치[29]"가 발생하는 위치를 더 세밀하게 제어할 수 있기에 일반적인 웹 서버 타입의 애플리케이션에서 성능 향상을 기대할 수 있습니다.

---

28 스핀락(spinlock): 임계 구역(critical section)에 진입이 불가능할 때 진입이 가능할 때까지 루프를 돌면서 재시도하는 방식으로 구현된 락을 가리킵니다. 스핀락이라는 이름은 락을 획득할 때까지 해당 스레드가 빙빙 돌고 있다(spinning)는 것을 의미합니다. 스핀락은 바쁜 대기의 한 종류입니다.

29 컨텍스트 스위치(문맥 교환, context switch): 하나의 프로세스가 CPU를 사용 중인 상태에서 다른 프로세스가 CPU를 사용하도록 하기 위해, 이전의 프로세스의 상태를 보관하고 새로운 프로세스의 상태를 적재하는 작업을 말합니다.

Go는 스레딩의 "M:N" 모델로 알려진 패러다임을 따르는 유사한 개념의 고유한 구현 방식을 가지고 있는데, 이를 "하이브리드 스레딩"이라고 합니다. M은 유저 모드 또는 "그린" 스레드를 나타내고 N은 커널 모드 또는 "네이티브" 스레드를 나타내며, 완전한 1:1 커널 모드와 완전한 N:1 유저 모드 스레딩을 결합하면 얻을 수 있는 것과 비슷한 형태입니다.

하이브리드 스레딩(hybrid threading)은 커널 레벨과 유저 레벨 코드를 모두 수정해야 해서 더욱 복잡하지만, 다행히 대부분의 최신 커널에는 필요한 모든 프로비전(provisions)이 이미 내장되어 있습니다. 그리고 Go는 그린 스레드를 처리할 수 있는 유저 레벨의 좋은 소프트웨어를 제공하고 있습니다!

5.2 고루틴

Go는 함수를 호출할 수 있는 다양한 실행 스트림을 네이티브 스레드 풀에 매핑하는 "고루틴"이라는 개념을 가지고 있습니다. 고루틴은 고작 2KB만 필요한데, 네이티브 스레드가 1MB에 가드 페이지까지 필요한 것에 비해 500배 이상 가볍습니다!

고루틴이 어떻게 작동하는지 자세히 알아보기 전에, 먼저 예제로 어떻게 사용할 수 있는지부터 살펴보겠습니다. 고루틴을 생성하는 문법은 매우 간단한데, 함수를 호출할 때와 똑같이 작성하고 "go" 토큰만 더해 주면 됩니다. 다음 코드로 살펴보겠습니다.

코드 5.1 숫자를 제곱하는 간단한 싱글 스레드 프로그램

```
package main

import (
    "fmt"
)

func squareIt(x int) {
    fmt.Println(x * x)
}

func main() {
    squareIt(2)
}
```

이 코드를 컴파일하고 실행하면 숫자 4가 출력됩니다. 그런데 이때 squareIt가 매우 긴 시간이 필요한 작업이라고 가정하겠습니다. 이것을 별도의 고루틴에서 실행하게 하고, main 함수는 squareIt가 실행되는 동안 필요한 무언가를 계속 진행하게끔 하려면 어떻게 해야 할까요?

main 함수의 squareIt 앞에 "go"를 추가해 주기만 하면 됩니다.

```
func main() {
    go squareIt(2)
}
```

프로그램을 컴파일하면 오류가 없음을 확인할 수 있습니다. 그러나 코드를 실행해도 아무것도 출력되지 않습니다(대부분 시스템에서 이럴 것입니다). 왜일까요(무언가 출력됐어도 일단 계속 읽어보세요. 잠시 후 이유를 알게 될 것입니다)?

고루틴을 실행하며 우리는 squareIt가 "백그라운드"에서 수행되도록 설정하였으며, 이 설정은 "이것은 현재 우리가 있는 고루틴과 분리된 별도의 고루틴"이라고 말하는 것과 같은 의미입니다. 반면, squareIt 호출 이후 바로 종료되는 main 함수는 이 프로그램이 실행 중인 프로세스의 main 스레드 및 main 고루틴에서 실행되고 있습니다.

따라서 main 함수가 종료되면 전체 프로그램이 종료되며, 이는 다른 고루틴이 제곱수를 출력하기 전에 프로세스가 종료된다는 것을 의미합니다. 그러므로 우리는 다른 고루틴이 업무를 완료할 수 있도록 종료하지 말고 기다릴 것을 main 스레드에 알려야만 합니다. 방법은 간단한데, 1밀리초 동안만 "sleep(idle)"하도록 main 함수에 지시하면 됩니다. 이를 위해 먼저 time 패키지를 임포트해 보겠습니다.

```
import (
    "fmt"
    "time"
)
```

그런 다음 main 함수 내에서 Sleep 함수에 대한 호출을 추가합니다.

```
func main() {
    go squareIt(2)
    time.Sleep(1 * time.Millisecond)
}
```

이제 프로그램을 컴파일하고 실행하면, 평소처럼 4가 출력되는 것을 알 수 있을 것입니다. 혹시 아무것도 출력되지 않았다면 프로세서가 계산하는 데 시간이 조금 더 필요할 수 있으므로 sleep time을 증가시켜 보세요.

이 방법은 고루틴의 작업이 실제로 끝나길 기다리는 게 아니라, 단순히 Sleep에 설정한 시간만큼 대기할 뿐이라는 사실을 기억할 필요가 있습니다. 실제로 작업 완료까지 기다리기 위해서는 잠시 후에 다룰 채널이라는 기능을 이용해야 합니다.

한편 고루틴의 아이디어는 효율성 측면에서 거의 천재적이라고 할 수 있습니다. 프로그램이 시작되면 Go는 하나의 고루틴만 실행되므로, 실행되는 네이티브 스레드 역시 하나입니다. 동시에 여러 개의 고루틴을 실행해야 한다면, Go는 각각의 고루틴을 여러 개의 스레드에 매핑할 것입니다. 만약 단순히 동시에 처리하는 것이 아니라, 병렬로 고루틴을 처리해야 한다면 더 많은 스레드가 필요합니다. 이 경우에는 go squareIt(2)가 또 다른 스레드에서 실행된다는 것을 의미합니다.

마치 OS가 여러 스레드를 CPU 코어들에 매핑하는 것처럼, Go 런타임은 여러 고루틴을 네이티브 스레드들에 매핑할 수 있습니다. 그리고 기본적으로 네이티브 스레드는 서로 다른 CPU 코어 간에 "이동"이 가능합니다(예를 들어, 코어 1이 몇 분 전에 스레드 1을 실행했지만, 몇 번의 컨텍스트 스위치 후에 코어 2가 스레드 1을 실행할 수 있습니다).

물론 특정 플래그를 통해 한 스레드를 정해진 코어에서만 수행하도록 커널에 지시할 수 있는 것처럼 Go에서도 "이 고루틴을 특정 스레드에 고정된 상태로 유지해"라고 말할 수도 있습니다. 단, 대부분의 커널에서는 이 기능을 지원하지만(Linux, BSD, XNU 등) 지원하지 않는 커널도 있다는 점을 참고하세요.

이제 가장 재미있는 부분을 살펴볼 차례입니다. Go가 스레드들에서 여러 개의 고루틴을 다루고 스케줄링을 처리하는 동안 특정 고루틴이 syscall(시스템 호출)을 위해 다른 고루틴들을 차단한다고 가정해 보겠습니다. 보통 여러분의 프로그램에서 가장 느려지는 부분입니다. 이 상황에서, Go는 새로운 스레드를 생성하고 고루틴을 해당 스레드로 이동합니다. 이러한 방식은 어떤 긴 작업의 실행 시 CPU를 유휴 상태로 만들 필요 없이, Go가 고루틴을 계속 구동할 수 있다는 의미입니다. 또한 이 작업은 단지 레지스터 3개에만 저장하면 되므로, 매우 가볍고 프로그램을 고속으로 실행할 수 있게 만듭니다. 만약 여러분이 모든 단일 레지스터(x86-64에서 50개 이상의 레지스터)를 저장해야 하는 스레드 간 전환 비용과 이것을 비교해 본다면, 고루틴이 왜 가치가 있는지 이해할 수 있을 것입니다.

하지만 이러한 고루틴의 매우 가벼운 특징에는 새롭게 생성된 고루틴을 더는 다른 고루틴에서 제어할 수 없다는 단점이 존재합니다. 예를 들어 한 고루틴은 다른 고루틴을 "죽이거나" "병합"할 수 없고, 대신 고루틴은 함수의 끝에 도달하여 반환이 완료된 후에만 "실행이 완료"되거나 "종료"될 수 있습니다.

이와 같은 단점으로 인하여 고루틴으로 호출한 함수는 어떤 값을 반환하지 못하는 상황이 발생할 수 있는데, 이때는 채널을 이용해 정보를 공유하는 것으로 문제를 해결할 수 있습니다.

지금까지 살펴본 고루틴의 동작 방식을 잘 이해했다면 동시성을 위한 또 다른 필수 요소인 채널도 문제없이 배울 수 있을 것입니다.

5.3 채널

우리는 채널(channel)을 통해 매우 좋은 성능으로 다른 고루틴에 데이터를 보낼 수 있습니다. 또한 이를 이용하기 위한 문법 자체가 고루틴과 마찬가지로 매우 간단하므로, 고루틴과 통신하기 위하여 코드를 복잡하게 구성할 필요도 없습니다.

위에서 살펴본 숫자를 제곱하는 예시를 수정하며 채널로 하는 통신을 배워 보겠습니다. 먼저 squareIt 함수가 채널과 관련된 두 개의 인자를 갖도록 업데이트합니다. 하나의 채널은 이 함수가 제곱해야 할 숫자를 알려주는 것이고, 다른 채널은 고루틴이 제곱한 후 숫자를 넣기 위한 것입니다.

업데이트한 squareIt 함수의 코드는 다음과 같습니다.

```
func squareIt(inputChan, outputChan chan int) {
    for x := range inputChan {
        outputChan <- x * x
    }
}
```

main 함수를 살펴보기 전에 squareIt 함수를 조금 더 분석해 보겠습니다. 일반적인 타입 정보는 한 가지 토큰 int로 표기하는 데 반해, 채널을 위한 표기는 독특하게 두 개의 토큰 chan int로 구성되어 있음을 알 수 있습니다. 이러한 구성은 Go에 우리는 채널 chan을 원하고, 해당 채널 내의 데이터는 int 타입임을 말해 줍니다. 포인터, 구소체를 포함한 어떠한 형태의 타입도 사용할 수 있습니다.

계속해서, 이 함수는 입력 채널과 출력 채널이라는 두 개의 개별 채널을 사용합니다. 함수 내에서 우리는 입력 채널을 통해 반복을 진행하는데, 이것은 딕셔너리와 배열과 같이 기본적으로 다른 시퀀스를 통해 반복을 진행하는 것과 같은 모습입니다. 그러나 세부적으로 보면 조금 다른 부분도 존재합니다. 먼저 채널에 값이 없을 때는 반복이 블록되고, 새로운 데이터 포인트를 기다리기 시작합니다.

그리고 데이터를 찾을 때 반복은 계속되며, 종료와 함께 반복의 가장 위로 점프하게 됩니다. 우리는 반복문 내에서 오로지 한 개의 작업만을 하는데, 바로 입력 채널에서 받은 정수 "x"를 제곱한 다음 "<-" 연산자를 사용하여 그 값을 출력 채널에 넣는 것입니다.

지금까지 채널을 이용하여 그다지 어렵지 않게 squareIT 함수를 수정했습니다. 이제 main 함수를 다시 만들어 보겠습니다.

```
func main() {
    inputChannel := make(chan int)
    outputChannel := make(chan int)
    go squareIt(inputChannel, outputChannel)
    for i := 0; i < 10; i++ {
        inputChannel <- i
    }
    for i := range outputChannel {
        fmt.Println(i)
    }
}
```

main 함수를 섹션별로 분석해 보면, 함수는 먼저 제2장에서 배열을 만드는 데 사용했던 "make" 함수를 이용하여 입력 및 출력 채널을 생성하는 것으로 시작합니다.

```
inputChannel := make(chan int)
outputChannel := make(chan int)
```

그 후 squareIt 함수를 별도의 고루틴으로 동작하도록 합니다.

```
go squareIt(inputChannel, outputChannel)
```

이 시점에서 함수는 백그라운드에서 실행 중이며, 반복문으로 인해 데이터가 입력 채널에서 들어올 때까지 기다리고 있습니다.

이어서 입력 채널에 데이터를 공급하기 위해 0에서 9까지 반복하여 입력 채널에 숫자를 주면 됩니다.

```
for i := 0; i < 10; i++ {
    inputChannel <- i
}
```

이제 데이터가 채널에 입력되었기 때문에, squareIt 함수는 해당 데이터를 처리하고 출력 채널에 배치할 것입니다. 따라서 이번에는 출력 채널을 반복하며 squareIt 함수에서 데이터를 가져와 출력하여 모두가 결과를 볼 수 있게 합니다.

```
for i := range outputChannel {
    fmt.Println(i)
}
```

여기까지 주의 깊게 관찰한 분은 아마도 프로그램에서 버그 한 가지를 발견했을 것입니다. 그리고 채널의 동작 방식을 이해한 분이라면 또 다른 버그가 있다는 사실도 확인했을 것입니다. 코드를 돌려보며 어떤 버그들을 만나게 되는지 확인해 보겠습니다.

최종 코드는 다음과 같습니다.

코드 5.2 숫자 제곱 프로그램을 통한 동시성 구현

```go
package main

import (
    "fmt"
)

func squareIt(inputChan, outputChan chan int) {
    for x := range inputChan {
        outputChan <- x * x
    }
}

func main() {
    inputChannel := make(chan int)
    outputChannel := make(chan int)
    go squareIt(inputChannel, outputChannel)
    for i := 0; i < 10; i++ {
        inputChannel <- i
    }
    for i := range outputChannel {
        fmt.Println(i)
    }
}
```

먼저 컴파일은 문제없이 완료되는 것을 확인할 수 있습니다. 그러나 실행을 시도하면 대부분 시스템에서는 다음과 같은 에러가 발생합니다.

```
fatal error: all goroutines are asleep - deadlock!

goroutine 1 [chan send]:
main.main()
    /tmp/sandbox306189119/prog.go:18 +0xb4

goroutine 6 [chan send]:
main.squareIt(0xc00005e060, 0xc00005e0c0)
    /tmp/sandbox306189119/prog.go:9 +0x4e
created by main.main
    /tmp/sandbox306189119/prog.go:16 +0x8e
```

우리 프로그램 로직에 문제가 있음을 알게 되었습니다. 사실 Go가 오류 메시지를 상세하게 주어 해당

문제가 데드락이라는 것까지 파악했습니다. 데드락은 존재하는 모든 스레드가 다른 스레드의 작업을 기다리는 상황이 발생하여, 어떤 작업도 수행할 수 없는 상태가 되었다는 의미입니다.

대부분의 프로그래밍 언어, 특히 네이티브 스레드를 사용하는 언어에서는 데드락이 발생하면 프로그램이 멈추고 진행할 수 없게 되어 프로세스를 종료해야만 합니다. 그러나 Go 런타임은 각 고루틴이 무엇을 하는지를 볼 수 있으므로, 데드락이 확인되면 여러분을 대신하여 해당 프로세스를 종료해 줍니다. 거기에 더해, 코드가 제대로 동작하지 않은 원인을 알 수 있는 깔끔한 로그를 제공합니다.

이 코드에서 발생한 데드락은 버퍼링 되지 않은 채널을 이용했기 때문에 발생한 것입니다. 버퍼링되지 않은 채널이란 채널에 더는 "저장 공간"이 없다는 의미입니다. 송신자가 데이터를 채널에 넣을 때 수신자는 즉시 해당 데이터를 가져와야 하는데, 만약 수신자가 그렇게 하지 못하는 경우에는 채널이 비게 될 때까지 블록이 발생하는 것입니다.

표 5.1은 프로그램 실행을 통해 일어나는 일에 대한 타임라인입니다.

MAIN 고루틴	SQUAREIT 고루틴
입력 및 출력 채널 생성	[nil]
고루틴 생성	입력 채널의 데이터 대기
입력 채널에 숫자 0을 투입	
입력 채널에서 숫자 0을 가져갈 때까지 대기	숫자 0을 가져와 제곱하고 그 값을 출력 채널에 투입
입력 채널에 숫자 1을 투입	
입력 채널에서 숫자 1을 가져갈 때까지 대기	숫자 1을 가져와 제곱하고 출력 채널에서 숫자 0에 대한 값을 가져갈 때까지 대기
입력 채널에 숫자 2를 투입	
입력 채널에서 숫자 2를 가져갈 때까지 대기	[출력 채널에서 숫자 0에 대한 값을 가져갈 때까지 계속 대기 중]
[입력 채널에서 숫자 2를 가져갈 때까지 계속 대기 중]	

[표 5.1] 두 고루틴의 수행이 데드락으로 이어지는 과정

이 시점에서 두 개의 고루틴은 서로 아무것도 할 수 없으면서 상대방이 무언가 해 주기를 기다리고 있는데, 그 이유는…… 서로가 서로를 기다리고 있기 때문입니다. 하나의 고루틴이 동작하기 위해선 다른 하나 역시 잘 동작해야만 합니다. 즉, squareIt 고루틴이 출력 채널의 결과를 가져가는 고루틴을 기다릴 필요가 없다면 데드락은 발생하지 않을 것입니다.

이 문제는 "버퍼링된" 채널을 이용해 해결할 수 있습니다. 버퍼링된 채널에서는, 다른 고루틴이 데이터를 가져갈 때까지 대기하거나 블록되지 않고, 사용자가 정의한 특정 숫자의 요소를 채널에 투입할 수 있습니다. 요약하면 사용자는 버퍼링된 채널을 이용하여 블록 없이 특정 수의 요소들을 "버퍼" 혹은 "저장"할 수 있다는 말입니다.

이 채널은 기존에 사용했던 make 함수에 버퍼 크기만 전달해 주면 생성할 수 있습니다. 다음과 같이 코드를 수정해 보세요.

```
outputChannel := make(chan int, 10)
```

코드를 컴파일해 보면 정상적으로 숫자들이 출력되는 것을 확인할 수 있을 것입니다!

```
0
1
4
9
16
25
36
49
64
81
fatal error: all goroutines are asleep — deadlock!

goroutine 1 [chan receive]:
main.main()
    /tmp/sandbox997165491/prog.go:20 +0x157

goroutine 6 [chan receive]:
main.squareIt(0xc000066000, 0xc000068000)
    /tmp/sandbox997165491/prog.go:8 +0x66
created by main.main
    /tmp/sandbox997165491/prog.go:16 +0x8e
```

성공적인 진전이 있었으나 아직은 완벽하지 않습니다. 무엇이 문제인지 확인해 보겠습니다. 먼저 우리는 Go가 남긴 트레이스 마지막 줄을 읽고 코드의 16번째 줄에서 데드락이 발생했다는 것을 알 수 있습니다. 출력 채널로부터 데이터를 가져와야 하지만, 입력 채널이 비어 있어 다른 고루틴이 데이터를 가져오지 못하고 대기하고 있기에 아무것도 가져오지 못해 main 함수가 블록되고 있는 것이 데드락의 원인입니다.

따라서 main 함수에서 이 반복문을 수정하면 문제를 해결할 수 있습니다.

```
for i := range outputChannel {
    fmt.Println(i)
}
```

출력 채널이 비어 있으면 반복문이 언제 멈추어야 할지 모르기 때문에 블록되었습니다. 우리가 작성 중인 코드는 필요한 반복을 10번 수행하면 되므로 다음과 같이 변경할 수 있습니다.

```
for i := 0; i < 10; i++ {
    fmt.Println(<- outputChannel)
}
```

10번을 반복하며 "<−" 연산자를 사용하여 채널에서 데이터를 가져오고 있습니다. 사실 채널은 이후에도 데이터를 여전히 가지고 올 수 있는 오픈 상태이지만, 위 로직에서 추가되는 데이터가 더는 없다는 것을 우리는 이미 알고 있습니다.

Go의 동시성에 대해 계속 학습하기 전에, 백엔드에서 채널이 작동하는 방식을 시각화하여 생각해 보는 시간을 갖는다면 내용을 이해하는 데 조금 더 도움이 될 것입니다.

이제 아직 살펴보지 않은 세 번째 종류인 크기가 0인 요소가 있는 채널을 배워 보겠습니다. 우리는 이미 두 종류의 채널이 존재한다는 것을 알고 있습니다.

- **버퍼링되지 않은 채널(동기화 채널)**: 하나의 고루틴에서 요소 하나를 저장하며, 다른 고루틴이 이것을 가지고 간 다음에 다른 요소를 저장할 수 있습니다.
- **버퍼링된 채널(비동기 채널)**: 잠재적으로 여러 고루틴에서 여러 요소를 저장하며, 채널이 가득 찼을 때만 송신자를 블록합니다. 즉, 여러 개의 고루틴이 여러 개의 요소를 수신할 수 있습니다.

그러나 우리가 아직 살펴보지 않은 세 번째 종류의 채널도 있는데, 바로 크기가 0인 요소가 있는 채널입니다. 다음과 같은 채널을 상상해 보세요.

```
channel := make(chan struct{})
```

채널의 데이터 타입은 빈 구조체입니다. 이것은 Go에 "채널은 스레드를 동기화하는 데 사용하고, 채널에서 데이터를 저장하지는 않을 거야"라고 말하는 것과 같습니다.

즉, 이것은 마치 세마포어[30]처럼 보이기도 하는데, 다음 Swift 코드와 C 코드를 살펴보며 이야기하겠습니다.

---

30 세마포어: 에츠허르 데이크스트라가 고안한, 두 개의 원자적 함수로 조작되는 정수 변수로서, 멀티프로그래밍 환경에서 공유 자원에 대한 접근을 제한하는 방법으로 사용됩니다. 이는 철학자들의 만찬 문제의 고전적인 해법이지만 모든 교착 상태를 해결하지는 못합니다.

Swift 코드

```swift
let a = DispatchSemaphore(value: 0)
DispatchQueue.global(qos: .background).async {
    a.signal()
    print("signalled")
}
a.wait()
print("exiting")
```

C 코드

```c
#include <stdio.h>
#include <pthread.h>
#include <semaphore.h>
#include <unistd.h>

sem_t semaphore;

void *backgroundThread(void *vargp) {
    sem_post(&semaphore); // 세마포어에 신호를 보냅니다.
    printf("signalled\n"); // 우리가 신호를 보냈음을 출력합니다.
    return NULL;
}

int main() {
    sem_init(&semaphore, 0, 1); // 세마포어를 초기화합니다.
    // 새로운 스레드를 시작합니다.
    pthread_t thread;
    pthread_create(&thread, NULL, backgroundThread, NULL);
    sem_wait(&semaphore); // 세마포어 신호를 기다립니다.
    printf("exiting\n"); // 우리가 종료할 것임을 출력합니다.
    sem_destroy(&semaphore); // 세마포어를 제거합니다.
    pthread_join(thread, NULL); // 우리가 생성한 스레드에 join합니다.
    return 0;
}
```

두 가지 예시 코드에 대한 로직은 코드를 보는 것만으로 이해할 수 있을 정도로 명확해 보입니다. 세마포어를 생성한 다음, 일부 작업을 수행하는 새 스레드를 시작하고, 완료되면 세마포어를 해제합니다. 백그라운드에서 작업이 진행되는 동안 main 스레드는 세마포어를 기다리며, 백그라운드 스레드가 해당 작업을 완료하기를 기다립니다.

Go에서는 다음 예시와 같이, 크기가 0인 요소가 있는 채널로 이 기능을 구현해 낼 수 있습니다.

```
func main() {
    semaphore := make(chan struct{})
    go func() {
        semaphore <- struct{}{}
        fmt.Println("signalling")
    }()
    <- semaphore
    fmt.Println("exiting")
}
```

위 코드에서는 버퍼링되지 않는 채널인 동기화 채널을 이용했으므로 한 번에 하나의 "신호"만이 세마포어에 존재할 수 있습니다. 만약 둘 이상의 신호가 지원되기를 원한다면 해당 코드를 버퍼링 된 채널(비동기 채널)로 변경해 주기만 하면 됩니다.

```
semaphore := make(chan struct{}, 10)
```

이러한 채널은 기본적으로 원형 연결 리스트(circular linked list)라고 하는 데이터 구조를 사용하며, 연결 리스트의 각 노드에는 데이터를 보낸 고루틴에 대한 정보와 데이터 자체에 대한 포인터가 포함되어 있습니다.

데이터를 기다리는 모든 고루틴은 원형 고루틴 주위를 "경주"하며, 다른 고루틴과 경쟁하여 연결 리스트 내에서 송신자의 데이터 조각을 찾습니다. 그리고 데이터를 찾은 고루틴은 해당 데이터의 락 설정을 시도하고 성공(경주에서 승리)한다면 마침내 데이터를 갖게 됩니다. 또한 해당 데이터를 다른 고루틴이 갖지 못하도록 "stale"이라고 표기합니다.

사실 채널에는 다양한 종류가 있으며, 위의 동작 방식은 비동기 채널 종류에 해당합니다. 그러나 채널 종류별로 내부 동작에 작은 차이만 있을 뿐 아주 크게 다르지는 않다는 점을 알아 두세요.

이번에는 위 프로그램에서 "우아하지 않은" 부분이라고 할 수 있는 내용을 배워 보겠습니다. 먼저 main 고루틴이 종료되며 squareIt 고루틴을 강제 종료할 때, 해당 고루틴이 정상적으로 종료되지 않는 문제가 존재함을 알고 있어야 합니다. 이 문제는 입력 채널에서 데이터를 기다리는 작업이 완료되었는지 확인할 수 없으므로 발생한 것이며, 해결을 위해 빌트인 기능 혹은 다음 섹션에서 소개될 Go의 동시성 설계를 이용할 수 있습니다.

채널에 빌트인된 기능을 먼저 사용해 보겠습니다. 간단히 채널을 "closing"하는 것으로 문제를 해결할 수 있습니다. 이렇게 하면 더는 채널에 데이터를 보낼 수 없게 되어 현재 블록되어 채널을 기다리는 모든 고루틴은 블록 해제됩니다.

main 함수의 맨 끝에 다음 코드를 추가해 보세요.

```
close(inputChannel)
```

이제 여러분의 main 함수는 다음과 같습니다.

```
func main() {
    inputChannel := make(chan int)
    outputChannel := make(chan int, 10)
    go squareIt(inputChannel, outputChannel)
    for i := 0; i < 10; i++ {
        fmt.Println(i)
        inputChannel <- i
    }
    for i := 0; i < 10; i++ {
        fmt.Println(<- outputChannel)
    }
    close(inputChannel)
}
```

실행하면 여러분이 예상했던 결과를 볼 수 있습니다. 데드락이 해결되었기 때문입니다.

```
0
1
2
3
4
5
6
7
8
9
0
1
4
9
16
25
36
49
64
81
```

실행 결과, 출력이 달라지지 않았고 고루틴이 정상 종료되었다는 것을 알 수 있습니다. 이 코드에서는
프로그램이 어떻게 종료되는지가 크게 중요하지 않지만, 특정 상황에서는 반드시 정상 종료가 필요할

수 있으므로 잘 기억해 두길 바랍니다.

5.3.1 select 문

이번에는 위에서 언급한 문제를 해결하는 두 번째 방법인, 채널에 도입된 새로운 기능 select 문을 배워보겠습니다.

"채널용 switch"라고 생각하면 좋을 select는 고루틴이 다양한 채널로부터 데이터를 기다릴 수 있게 해주고, 가장 먼저 값을 제공하는 채널로부터 데이터를 가져갈 수 있도록 해 줍니다. 예를 들어 제곱뿐 아니라 세제곱도 계산하고 정상 종료해야 하는 함수가 필요하다면, select로 다음과 같이 "간단히" 구현할 수 있습니다.

```
func squarerCuber(sqInChan, sqOutChan, cuInChan, cuOutChan, exitChan chan int) {
    var squareX int
    var cubeX int
    for {
        select {
        case squareX = <- sqInChan:
            sqOutChan <- squareX * squareX
        case cubeX = <- cuInChan:
            cuOutChan <- cubeX * cubeX * cubeX
        case <- exitChan:
            return
        }
    }
}
```

얼핏 보면 복잡해 보이는 함수지만 몇몇 구성 요소로 분해해 보면 어렵지 않게 이해할 수 있습니다.

함수의 기본 로직은 먼저 sqInChan 및 cuInChan 채널에서 각각 제곱 및 세제곱할 숫자를 가져오는 것입니다. 그런 다음, 예정된 작업을 수행하여 결과를 sqOutChan 또는 cuOutChan에 넣고, 마지막으로 exitChan에서 메시지를 받는 것으로 함수는 종료(반환)됩니다.

세부적으로 살펴보면 함수는 Go에게 "squareX와 cubeX라는 두 개의 정수형 변수를 갖게 될 거야"라고 말하면서 시작하며, 이 변수는 입력 채널에서 얻은 정수를 갖게 됩니다.

그런 다음 무한 루프를 실행하는데, 이 for 루프 내에는 새로운 플레이어 select 문이 존재합니다. 형태는 case가 있는 switch 문과 매우 유사하지만, 모든 case가 블록된 작업이 해제되고 응답을 반환할 때만 처리되는 표현식이라는 점에서 다소 상이하게 동작합니다. 첫 번째 case를 살펴보겠습니다.

```
case squareX = <- sqInChan:
```

이 코드에서 우리는 Go에게 "여기 새로운 case가 있고, sqInChan에서 오는 정수 값을 squareX에 배치하려고 해"라고 말하고 있습니다. 하지만 sqInChan 채널에 값이 없다면 위 동작은 블록되므로, 해당 표현식은 채널의 "수신" 작업이 블록 해제되어야만 수행될 수 있을 것입니다.

그런데 바로 이 부분에서 select가 역할을 합니다. select는 표현식이 무언가에 의해 블록되는 모든 case를 살펴보고, 먼저 블록 해제되는 코드를 실행하며, 해당 코드가 실행된 후에는 다음 코드가 가리키는 명령문으로 이동합니다. 따라서 select 자체는 반복문이 아닌 코드의 섹션 하나를 수행할 뿐이며, 이것이 바로 select 문을 감싸는 별도의 무한 루프가 존재하는 이유가 됩니다.

이제 이 함수를 실제로 백그라운드 고루틴으로 사용하기 위해 main 함수를 구현해 보겠습니다.

```
func main() {
    sqInChan := make(chan int, 10)
    cuInChan := make(chan int, 10)
    sqOutChan := make(chan int, 10)
    cuOutChan := make(chan int, 10)
    exitChan := make(chan int)
    go squarerCuber(sqInChan, sqOutChan, cuInChan, cuOutChan, exitChan)
    for i := 0; i < 10; i++ {
        sqInChan <- i
        cuInChan <- i
    }

    for i := 0; i < 10; i++ {
        fmt.Printf("squarer says %d\n", <- sqOutChan)
        fmt.Printf("cuber says %d\n", <- cuOutChan)
    }
    exitChan <- 0
}
```

위 main 함수의 동작은 이전 것과 매우 유사하지만, 입력과 출력 채널이 두 개 있고 고루틴에게 종료를 명령할 수 있는 새로운 채널이 있다는 차이가 있습니다. 또한 채널에 데이터를 보내고 받는 역할을 하는 for 루프 내에서 제곱 및 세제곱이 모두 처리되며, 고루틴에 작업이 끝나 종료함을 알리기 위해 종료 채널에 더미 값을 설정한다는 것도 다릅니다.

이 시점에서 우리는 Go의 종료 기능 구현은 순수하게 사용자에게 달려 있다는 점을 기억할 필요가 있습니다. 예를 들어, 위에서 구현한 코드는 종료 채널이 고루틴에게 단순히 종료를 말해 주는 역할만 하지만, 백그라운드에서 완전히 다른 작업을 하는 방식으로도 얼마든지 구현할 수 있습니다. OS 스레드라면 최소한 강제 종료하거나 조인하는 옵션이 있겠지만, 고루틴에서는 사용자가 스레드에게 스스로 언제 종료해야 하는지를 알려줘야 하는 책임이 있다는 점을 다시 한번 기억하세요.

관련 내용을 계속 이어가기 전에, 여기서 잠깐 다른 얘기를 해 보려 합니다. 고루틴을 호출한다는 것은 사실 어떤 함수를 호출하고 해당 함수를 별도의 고루틴에서 처리하도록 Go에 지시하는 것입니다. 지금까지는 사용자가 이미 정의한 함수를 호출하는 것만 배웠습니다. 그런데 만약 별도의 고루틴에서 함수의 생성과 호출을 동시에 원한다면 어떻게 해야 할까요? 다음과 같이 구현할 수 있습니다.

코드 5.3 별도의 고루틴에서 함수의 생성과 호출을 동시에 진행하기

```
func main() {
    inputChan := make(chan int, 10)
    finishChan := make(chan int)
    outputChan := make(chan int, 10)
    go func(inputChan, finishChan chan int) {
        for {
            select {
            case x := <- inputChan:
                outputChan <- x * x
            case _ = <- finishChan:
                return
            }
        }
    }(inputChan, finishChan)
    for i := 0; i < 10; i++ {
        inputChan <- i
    }
    for i := 0; i < 10; i++ {
        fmt.Println(<- outputChan)
    }
    finishChan <- 1
}
```

로직은 비교적 간단하지만, 구문이 다소 생소할 수 있습니다. 먼저 함수 시그니처와 본문이 Go에서 유효한 구문 형태로, 호출하는 부분에 직접 포함되고 있습니다. 그리고 코드의 5번째 줄에서는 Go에게 "다른 고루틴을 실행하기를 원하며, 수행될 함수는 여기 있음"이라고 전하고 있습니다.

나머지 부분은 함수의 이름이 없다는 점을 제외하고는 일반 함수와 유사합니다. 코드의 14번째 줄에서는 Go에게 "좋아, 그게 함수였어. 이제 그 함수를 호출하고 inputChan 및 finishChan을 인자로 전달해"라고 말합니다.

한편 고루틴을 호출할 때 Go에서 변수와 범위를 처리하는 방식이 일반적인 것과는 다소 차이가 있는데, 다음 코드를 실행하여 확인해 보겠습니다.

코드 5.4 클로저에서 Go의 변수 캡처

```go
func main() {
    for i := 0; i < 10; i++ {
        go func() {
            time.Sleep(1 * time.Millisecond)
            fmt.Println(i)
        }()
    }
    time.Sleep(100 * time.Millisecond)
}
```

대부분의 프로그래밍 언어에서 위와 같은 코드는 임의의 순서로 숫자 0, 1, 2, 3, 4, 5, 6, 7, 8, 9를 출력할 것이며, 이는 직관적으로 판단하더라도 당연한 결과로 보입니다. 그러나 Go에서 컴파일러는 다음과 같은 경고를 출력합니다.

```
loop variable i captured by func literal
```

그리고 다음과 같은 결과가 나타납니다.

```
10
10
10
10
10
10
10
10
10
10
```

예상과 달리 10이 10개 나타난 이유는 무엇일까요? 이유는 바로 반복문 내에서 호출되는 함수가 변수를 "캡처"하는 작업을 수행하기 때문입니다. 언어 대부분에서는 "클로저(closure)" 또는 "함수 리터럴(function literal)"이 변수를 캡처할 때 해당하는 복사본이 주어지며, 이는 클래스 오브젝트에서 복사, 참조 개념이 존재하는 객체 지향 언어에서 특히 잘 동작합니다.

그러나 위와 달리 Go는, 복사본을 만드는 대신 루프 변수 자체에 접근하도록 만들어져 있습니다. 따라서 이 코드에서는 반복을 진행하며 각각 sleep을 시작하는 여러 개의 고루틴이 생성되며, i가 10까지 증가하는 반복의 끝에서 "이제 반복 작업을 마쳤습니다"라고 말하고 고루틴 생성을 중지합니다.

그리고 바로 이즈음에서 모든 고루틴이 깨어나며 모두 똑같은 "i"를 참조하게 되므로, 호출 당시의 i 값이 아닌 10을 모두 출력하게 되는 것입니다.

이 문제는 루프 변수를 캡처하는 대신 함수에 전달하는 것으로 쉽게 해결할 수 있습니다. 이처럼 Go는 함수를 호출하고 값을 파라미터로 전달하여 복사본을 만들도록 해야 합니다.

코드 5.5 클로저에 전달할 변수의 복사본 만들기

```
func main() {
    for i := 0; i < 10; i++ {
        go func(nonCapturedI int) {
            time.Sleep(1 * time.Millisecond)
            fmt.Println(nonCapturedI)
        }(i)
    }
    time.Sleep(100 * time.Millisecond)
}
```

이 코드를 실행하면 예상대로 0부터 9까지의 숫자가 임의의 순서로 출력될 것입니다.

이제 더욱 복잡한 프로그램을 구현하기에 충분할 만큼 고루틴을 경험했다고 자신 있게 말해도 좋을 것입니다. 제4장에서 구축한 프로그램을 동시성의 힘을 이용하여 업그레이드해 보겠습니다!

5.4 작업 증명 2

제4장의 마지막 예제를 기억한다면, 블록체인의 핵심 구성 요소 중 하나인 "작업 증명" 알고리즘의 간단한 버전을 구현했다는 것을 기억할 것입니다. 그리고 매우 최적화되었음에도, 이 프로그램에서 처리하는 해시는 초당 약 400만 개에 불과하다는 것도 확인했습니다. 어떻게 하면 개선할 수 있을까요?

정답은 바로 동시성입니다! 특히 이 작업은 동시성을 적용하기에 매우 적합합니다. 해답을 찾는 프로그램의 여러 인스턴스가 한 번에 실행되기만 하면 됩니다. 또한 인스턴스 간 통신이 불필요하므로, 동시성을 사용하는 데 따르는 추가적인 오버헤드도 발생하지 않습니다.

그러나 동시성을 고려한 코드를 구성하여 성능을 향상시키면 그와 관련된 오버헤드가 반드시 수반된다는 사실을 간과해서는 안 됩니다. 결코, 공짜 점심은 없습니다. 고루틴이나 스레드 생성, 컨텍스트 스위치, 통신 및 스피닝 등 모든 것에는 추가적인 검사를 위한 오버헤드가 있습니다. 또한 캐시 무효화(Cache Invalidation)와 같은 문제를 일으키는 기능을 실수로 구현하는 것도 주의해야 합니다.

위와 같은 상황이 발생하더라도 프로그램이 동작은 하겠지만, 성능이 크게 저하된다는 사실을 명심하도록 합시다.

NOTE

유명한 컴퓨터 과학자인 Leon Bambrick는 다음과 같이 말했습니다.
"컴퓨터 과학에서 가장 어려운 것은 캐시 무효화, 네이밍, 그리고 하나 부족한 오류(off-by-one errors)입니다."

이와 같은 이유로 고루틴을 사용한다고 해서 작성한 코드가 꼭 성능이 향상된다고 보장할 수 없으며, 오히려 대부분은 싱글 스레드 코드가 멀티 스레드 코드보다 좋은 성능을 발휘합니다. 만약 멀티 스레드에서도 좋은 성능으로 동작하길 원한다면, 스레드 간 상호 작용을 제대로 구현해야 합니다.

다행히도 Go에서는 이러한 스레드 간 상호 작용을 어렵지 않게 구현할 수 있습니다. 이는 고루틴의 고유한 특성이 사용자에게 오버헤드에 대해 걱정하지 않고 동시에 더 많은 함수를 수행할 수 있도록 해 주기 때문입니다.

이제 이전의 작업 증명에서 특정 바이트 시퀀스를 평가하는 데 고루틴을 이용해 보겠습니다. "pow" 함수만 다시 작성하면 구현할 수 있으므로, 이전 코드 파일에서 해당 내용을 제거하고 시작할 것입니다.

먼저 작성할 로직을 생각해 보겠습니다. 고루틴이 일치하는 문자열을 찾도록 하고, 성공하면 우리에게 결과를 줄 수 있도록 해야 합니다. 또 성공 후 고루틴은 정상 종료해야 하며, 해당 고루틴에서 총 몇 개의 해시가 처리되었는지 확인할 수 있어야 합니다. 따라서 이를 위해 상호 작용할 또 다른 고루틴이 필요하지는 않아 보입니다. 또한 우리는 위 구현을 통해 싱글 스레드 버전과 비교했을 때의 성능도 확인하고자 하므로, 프로그램을 실행하고 있는 머신이 실제로 얼마나 많은 CPU 코어를 가졌는지 확인할 필요가 있습니다.

컴퓨터는 같은 순간에 가지고 있는 코어만큼만 작업할 수 있다는 것을 기억하세요. 예를 들어, 컴퓨터에 8개의 CPU 코어가 있는 경우에는, 일반적으로 컨텍스트 스위치 없이 동시에 8개의 명령 스트림 스레드만 실행할 수 있습니다. 다만, Intel 및 AMD사의 일부 CPU는 "동시 멀티스레딩(simultaneous multi-threading, SMT)"을 지원하기 때문에, 각 코어당 두 개의 스레드가 동시에 실행되는 일도 있습니다. 또한 IBM의 Power와 같은 일부 CPU 아키텍처에서는, 운영체제를 통해 코어당 1개, 2개, 4개, 또는 8개 스레드를 지원하도록 구성할 수도 있다는 점(자원이 분할되므로 스레드 성능은 하락할 수 있습니다)을 참고하세요.

그러면 이제 함수 구현을 시작해 보겠습니다.

```
func pow(prefix string, bitLength int) {
    start := time.Now()
    hash := []int{}
    totalHashesProcessed := 0

    numberOfCPU := runtime.NumCPU()
    closeChan := make(chan int, 1)
    solutionChan := make(chan []byte, 1)
```

함수의 이름이 pow로 이전과 같고, 유효한 랜덤 시퀀스를 찾기 위한 prefix string, 그리고 문제를 해결하는 데 필요한 연속되는 0의 개수에 해당하는 bit length 등 인자 역시 같습니다. 그리고 작업 증명에 든 시간을 확인하기 위하여 현재 소요 시간을 확인하는 것으로 함수는 시작하며, 이후 각 고루틴이 처리한 해시의 수를 포함할 "hash"라는 정수형 배열을 생성합니다. 따라서 이 배열에는 고루틴의 수와 같은 개수의 요소를 포함하게 될 것을 알 수 있습니다.

배열 다음으로는 "totalHashesProcessed" 정수가 존재하며, 여기에는 이후 단계에서 이 배열의 합계를 저장하게 될 것입니다.

이어지는 코드에서는 Go에게 우리가 실행 중인 머신이 실제로 얼마나 많은 CPU(CPU 코어)를 가졌는지 알려 줍니다. 이를 통해 우리는 CPU 코어에 해당하는 만큼의 고루틴을 생성할 수 있을 것이며, 이는 시스템의 코어 수에 비해 너무 많은 고루틴을 생성하여 실제로 작업하는 것보다 고루틴 간의 컨텍스트 스위치에 더 많은 시간을 소비하게 되는 걸 막기 위함입니다. 컨텍스트 스위치와 같은 고루틴 관련 오버헤드는 스레드의 것보다 훨씬 적을 수 있지만, 완전히 무시할 수는 없다는 점을 반드시 염두에 두세요.

그런 다음 closeChan과 solutionChan 두 채널을 초기화합니다.

closeChan은 문제를 해결한 이후 모든 고루틴을 종료하기 위함이며, solutionChan은 문제를 해결한 고루틴에서 해당 내용을 main 고루틴으로 다시 전달하기 위한 것입니다.

이제 함수의 핵심적인 부분을 구현할 차례입니다. 코드의 크기가 다소 크지만 하나하나 분석하며 학습해 보겠습니다.

```go
for idx := 0; idx < numberOfCPU; idx++ {
    hash = append(hash, 0)
    go func(hashIndex int) {
        seed := uint64(time.Now().Local().UnixNano())
        randomBytes := make([]byte, 20)
        randomBytes = append([]byte(prefix), randomBytes...)
        for {
            select {
            case <-closeChan:
                closeChan <- 1
                return
            case <-time.After(time.Nanosecond):
                count := 0
                for count < 5000 {
                    count++
                    seed = RandomString(randomBytes, len(prefix), seed)
                    if Hash(randomBytes, bitLength) {
                        hash[hashIndex] += count
                        solutionChan <- randomBytes
                        closeChan <- 1
                        return
                    }
                }
                hash[hashIndex] += count
            }
        }
    }(idx)
}
```

재미있어 보이는 코드입니다. 그렇죠? 아마도 여러분은 코드를 살펴보며 대략적인 내용을 이해했을 것 같지만, 반복문부터 하나하나 다시 살펴보겠습니다.

```go
for idx := 0; idx < numberOfCPU; idx++ {
    hash = append(hash, 0)
```

지금 구현하는 애플리케이션의 성능은 메모리나 I/O가 아닌 CPU에 의해 결정되므로, 우리는 더 빠른 프로세서가 필요하며 그에 맞추어 머신의 코어 수와 같은 개수의 고루틴을 생성하여 처리해야 함을 이전에 이미 살펴보았습니다. 만약 CPU에 의존적이지 않은 애플리케이션이라면 코어 수보다 더 많은 고루틴을 생성하여, 한 고루틴의 CPU 작업이 완료되기를 기다리는 동안 다른 고루틴을 실행하는 것이 유리할 수도 있습니다.

그러나 우리는 코어 수만큼 생성할 것이므로, for 루프를 이용하여 코어 수만큼 해시 배열에 0을 추가합니다. 이 해시 배열에는 각 고루틴에서 처리한 해시 수가 포함될 예정입니다.

이제 고루틴 자체를 생성할 차례입니다.

```go
go func(hashIndex int) {
    seed := uint64(time.Now().Local().UnixNano())
    randomBytes := make([]byte, 20)
    randomBytes = append([]byte(prefix), randomBytes...)
```

고루틴에서 호출되는 이 함수는 hashIndex라고 하는 인덱스를 인자로 갖고 있으며, 이를 통해 각각이 처리한 해시의 수를 알맞은 해시 배열에 기록할 수 있습니다.

함수 내에서는 로컬 유닉스 시간을 나노초 단위로 가져와 새로운 랜덤 시드를 생성합니다. 이 시드를 64 비트 부호 없는 정수형으로 변환하여, 지난 장에서 정의한 난수 생성기와 함께 사용합니다.

그런 다음 C, Python, Java 또는 Swift와 같은 언어를 배운 경우 "재미있는" 로직으로 보일 수 있는 것을 조금 실행해 보겠습니다. 20바이트의 새로운 배열을 할당하는데, 여기엔 작업 증명 문제를 해결할 수 있는 실제 "random"이 문자열 뒷부분에 포함될 예정입니다. 그리고 바이트 배열로 표시되는 prefix string을 append 함수를 이용하여 새로운 배열의 시작 부분에 넣습니다.

이 append 함수는 가변 인자(variadic arguments)를 지원하는데, 만일 제2장의 내용을 떠올릴 수 있다면 첫 번째 인자 이후 같은 타입의 인자를 개수와 상관없이 가질 수 있다는 내용이 떠오를 것입니다. 단, 첫 번째 인자는 반드시 특정 타입의 배열이어야만 하며, 나머지는 해당 배열의 요소들과 같은 타입이어야만 합니다.

prefix 및 randomBytes의 모든 20개 요소를 append 함수의 인자로 설정하면, 결국 메모리는 다음과 같은 새 배열을 생성하게 될 것입니다.

```
[bytes of the prefix][bytes we initialized when we allocated randomBytes]
```

여기서 마지막 단 한 줄의 코드를 통해 어떻게 20개의 파라미터를 처리할 수 있는지 궁금한 사람이 있을 것으로 생각합니다. 바로 … 연산자를 사용했기 때문입니다. 이렇게 하면 런타임에 배열이 20개의 개별 인자로 "펼쳐져" 마치 수동으로 해당 20개의 인자를 전달한 것처럼 만들 수 있습니다.

다음으로는, 고루틴이 호출하는 함수 내에서 실제로 처리를 수행하는 무한 루프가 있으며, closeChan을 통한 종료 시점 파악을 위해 해당 루프 안에 select 문이 배치되어 있습니다.

```
for {
    select {
    case <-closeChan:
        closeChan <- 1
        return
```

이 코드는 무척 간단해 보이지만(그리고 실제로 간단합니다!) 정말 흥미로운 로직을 담고 있습니다. closeChan에서 수신하는 case 문을 잘 살펴봅시다. 우리는 채널에서 숫자를 받고 난 후, 다시 closeChan 에 숫자를 넣었습니다. 이유가 무엇일까요? 이것을 이해하기 위해 일단은 채널에 숫자를 다시 넣음과 상관없이 이 함수에서 값을 얻으면 결국 반환된다는 사실을 기억할 필요가 있습니다.

그렇다면 채널에 굳이 숫자를 다시 넣는 이유는 무엇일까요? 그것은 바로 우리가 이 채널에 숫자 하나 를 넣는 솔루션을 찾은 고루틴만을 필요로 하고, 다른 모든 고루틴은 종료되어야 하기 때문입니다. 단 하나의 고루틴만이 고루틴이 보내는 솔루션에 해당하는 숫자를 가질 수 있고, 그 외 다른 고루틴에게는 메시지를 채널에 다시 보내면서 종료하도록 지시하게 되는 것입니다. 이때 마지막으로 남은 고루틴도 채널에 또 다른 메시지를 보낸 다음 종료하게 되는데, 해당 메시지를 받을 고루틴이 더는 없으므로 아무 일도 일어나지 않으며, 이는 우리에게 크게 중요한 사항이 아닙니다.

```
case <-time.After(time.Nanosecond):
    count := 0
    for count < 5000 {
        count++
        seed = RandomString(randomBytes, len(prefix),seed)
        if Hash(randomBytes, bitLength) {
            hash[hashIndex] += count
            solutionChan <- randomBytes
            closeChan <- 1
            return
        }
    }
    hash[hashIndex] += count
}
```

지금부터는 주요 작업이 실제로 발생하는 부분입니다. 해당 작업에 대해 본격적으로 배우기에 앞서 조 금은 논란이 있을 수 있을 만한 부분을 살펴보도록 합시다. case 문이 time.After(time.Nanosecond)를 기다려야 하는 이유가 무엇일까요?

몇 페이지 전에 알려준 select 문을 통해 여러 개의 블록된 작업이 동시에 해제될 때까지 기다릴 수 있다 는 것을 떠올려 보세요. time.After는 현재 블록된 작업이므로 종료 채널에서 값을 기다리고 있습니다. 따라서 종료 채널에 수신할 정보가 없어도 이 코드를 즉시 실행하기 위해서는, select 문의 일부가 되는 또 다른 어떤 블록된 작업을 필요로 하게 됩니다.

우리는 Go에게 나노초 후에 이 코드를 실행하도록 요청하고 있으므로, exitChan이 먼저 평가되는 경우 이 코드는 실행되지는 않을 것입니다.

실제 작업에 해당하는 코드는 고루틴을 사용하지 않은 이전의 "pow" 함수와 5000번을 수행하는 것을 제외하고는 매우 비슷합니다. 이것은 종료 채널을 기다리는 동안 5000번의 검사를 실행하기 위한 것이며, 한 번의 검사만으로는 고루틴의 추가 오버헤드를 확인하기에 충분하지 않기 때문입니다.

구체적으로 5000번을 반복하는 for 루프를 통해, prefix에 추가할 새로운 임의의 문자열을 각각 생성합니다.

그런 다음 전체 문자열(prefix + 무작위 부분)을 해시 함수에 입력하여 작업 증명 조건을 충족하는지를 알려주는데, 여기서 해결책을 찾았을 때 진행하는 작업이 지난 장과 다소 차이가 있습니다. 요구 사항을 충족하는 임의의 문자열을 찾으면, 해시 배열의 고루틴 전용 요소에 "count" 변수(로컬에서 완료한 5000번의 반복 횟수)를 추가합니다. 그런 다음 솔루션을 솔루션 채널로 보내고, 숫자 하나를 종료 채널에 넣는 것으로 종료 작업을 시작합니다. 그리고 함수로 돌아와 반복문을 중지하고 고루틴을 강제 종료합니다.

만약 이 5000번의 반복에서 해결책을 찾지 못하면 해시 배열에서 이 고루틴의 전용 요소를 5000만큼 증가시키고 더 큰 for 루프를 통해 다시 한번 위 모든 과정을 반복하게 됩니다.

```
        }
    }(idx)
}
fmt.Println(<-solutionChan)
for _, v := range hash {
    totalHashesProcessed += v
}
end := time.Now()
```

이 코드의 다음 부분에서는 고루틴 내부의 for 루프 및 함수를 종료하고, 배열의 인덱스 변수로 함수를 호출한 다음, 고루틴 생성을 담당했던 for 루프를 종료합니다.

그런 다음 솔루션 채널에서 일부 결과를 출력하고, 모든 고루틴에서 처리한 총 해시 수를 계산하며, 마지막으로 실행 관련 통계를 출력하기 위한 종료 시간을 찾습니다.

```
fmt.Println("time:", end.Sub(start).Seconds())
fmt.Println("processed", humanize.Comma(int64(totalHashesProcessed)))
fmt.Printf("processed/sec: %s\n", humanize.Comma(int64(float64(totalHashesProcessed)/
end.Sub(start).Seconds())))
}
```

지금까지 우리는 고루틴을 이용한 첫 번째 실제 애플리케이션을 성공적으로 구축해 보았습니다. 코드의 모습은 다음과 같습니다.

코드 5.6 새롭게 개선된 고루틴 기반 pow 함수

```
func pow(prefix string, bitLength int) {
    start := time.Now()
    hash := []int{}
    totalHashesProcessed := 0

    numberOfCPU := runtime.NumCPU()
    closeChan := make(chan int, 1)
    solutionChan := make(chan []byte, 1)
    for idx := 0; idx < numberOfCPU; idx++ {
        hash = append(hash, 0)
        //pass in idx to ensure it stay the same as idx can
        //change value
        go func(hashIndex int) {
            seed := uint64(time.Now().Local().UnixNano())
            randomBytes := make([]byte, 20)
            randomBytes = append([]byte(prefix), randomBytes...)
            for {
                select {
                case <-closeChan:
                    closeChan <- 1
                    return
                case <-time.After(time.Nanosecond):
                    count := 0
                    for count < 5000 {
                        count++
                        seed = RandomString(randomBytes, len(prefix), seed)
                        if Hash(randomBytes, bitLength) {
                            hash[hashIndex] += count
                            solutionChan <- randomBytes
                            closeChan <- 1
                            return
                        }
                    }
                    hash[hashIndex] += count
                }
            }
        }
```

```
        }(idx)
    }
    <-solutionChan
    for _, v := range hash {
        totalHashesProcessed += v
    }
    end := time.Now()
    fmt.Println("time:", end.Sub(start).Seconds())
    fmt.Println("processed", humanize.Comma(int64(totalHashesProcessed)))
    fmt.Printf("processed/sec: %s\n", humanize.Comma(int64(float64(totalHashesProcessed)/
  end.Sub(start).Seconds())))
}
```

함수 시그니처가 같으므로 main 함수를 똑같이 구성하면 컴파일 및 실행에 성공할 것입니다. 제4장에서 우리는 맥북 프로에서 이전 코드의 성능이 초당 약 400만 해시에 도달했다고 확인한 바 있습니다.

이 코드는 같은 시스템에서 초당 거의 3천만 개의 해시 성능을 발휘하므로, 큰 노력 없이도 약 7.5배의 속도 향상이 가능하다는 것을 알 수 있습니다. 그리고 더욱 놀라운 것은 이 머신이 인텔 i9 8코어이기 때문에, 우리가 기대하는 약 8배의 속도 향상에 도달했다는 것입니다.

생성, 종료 및 종료 채널 확인 등으로 생긴 오버헤드로 인해, 성능 개선이 완벽하게 선형적이지는 않지만 매우 뛰어나다는 것이 검증되었으며, 이는 대규모 소프트웨어를 개발할 때 더욱 빛날 수 있습니다. 여러분은 Go로 CPU의 유휴 자원을 활용하여 더욱 빠르고 확장성 있는 애플리케이션을 구현할 수 있습니다.

이 장에서는 Go가 정말 특별한 이유인 고루틴에 대해서 배웠습니다! Go는 매우 훌륭한 언어임이 분명하지만, 다른 언어에서 가능한 것들을 하지 못하는 경우가 있을 수 있습니다. 이럴 때는 다른 컴파일 언어의 코드를 Go에서 호출하는 것으로 문제를 해결할 수 있으며, 다른 언어의 코드를 호출하는 것은 Go가 컴파일 언어이고, 컴파일 프로세스에서 지원되는 부분이기에 어렵지 않게 구현할 수 있습니다. 따라서 다음 장에서는 C 혹은 Swift와 같은 언어의 코드를 Go에서 호출하는 방법과 어떤 상황에 이것들이 필요한지에 대해 배워 보겠습니다.

1 ▶ 동시성이란 무엇인가요? 스레드의 개념은 동시성과 어떤 관련이 있나요?

2 ▶ 프로세스, 스레드, 고루틴, 함수 사이에는 어떤 관계가 있나요?

3 ▶ 채널이란 무엇이며 어떻게 동작하나요? 채널이 사용되는 간단한 사례를 생각해 보고 그것을 구현해 보세요.

4 ▶ 세마포어란 무엇인가요? 세마포어는 데드락 발생을 어떻게 예방하나요?

5 ▶ 세마포어 기능을 위해 Go에서는 어떤 종류의 채널을 사용할 수 있나요?

6 ▶ 문법적인 관점에서 스위치와 select 문은 어떤 점이 비슷한가요?

7 ▶ 작업 증명 애플리케이션이 8개의 물리적 코어에서 실행될 때 성능이 거의 8배까지 확장되는 이유는 무엇인가요?

8 ▶ 멀티스레딩 애플리케이션에서 가장 일반적인 오버헤드의 원인이 무엇인가요?

9 ▶ 단일 수동 채널 삽입 작업(manual channel insert operation)으로 여러 고루틴이 자동으로 종료되려면 어떻게 해야 하나요?

10 ▶ Go에서 변수 캡처는 다른 언어와 어떻게 다른가요? 또한 의도하지 않은 부작용은 무엇인가요?

제6장

상호 호환성

6.1 상호 호환성이 중요한 이유는 무엇일까요?

6.2 C 코드와 상호 호환하기

6.3 Swift와 상호 호환하기

제6장에 온 것을 환영합니다. 이 장에서 우리는 "코드 재사용" 개념에 대해 한 단계 더 가까이 다가갈 것입니다. 모두 배우고 나면 외부에서 Go로 작성된 코드(모듈)를 임포트 할 수 있을 뿐 아니라, 다른 언어로 작성된 코드 또한 임포트 할 수 있게 될 것입니다.

이 장을 마치면 다음 질문에 답할 수 있습니다.

- 운영체제는 컴파일러가 생성한 바이너리를 어떤 포맷으로 이해하나요?

- "런타임"이란 용어는 무엇을 의미하나요? 이것이 프로그래밍 경험과 컴파일된 코드에 미치는 영향은 무엇인가요?

- 같은 운영체제의 여러 프로그램이 어떻게 같은 컴파일된 바이너리 코드를 공유할 수 있나요?

- 언어 간의 상호 호환성이 중요한 이유는 무엇인가요?

- 공유 라이브러리를 사용하여 Go에서 C 및 Swift 코드를 호출하는 방법은 무엇인가요?

컴퓨터 과학의 한 가지 원칙은 "바퀴를 재발명하지 않는다"입니다. 즉, 이미 존재하는 것을 또 만들 필요는 없다는 의미입니다. 만약 누군가가 무언가를 이미 만들었다면, 그것으로 필요한 목적을 달성했을 것이고, 또 문제를 해결하는 제일 좋은 방법을 고민하여 넣었을 것이라는 원리입니다.

오픈소스 소프트웨어가 그 어느 때보다 널리 보급된 오늘날의 세계에서 이 원칙은 훨씬 더 가치가 있는데, 표면적으로는 단순해 보이는 작업에도 말 그대로 수천 명의 사람이 효과적인 솔루션을 설계하기 위해 노력했을 것이기 때문입니다. 개인이 만든 어떤 솔루션이 수많은 개발자가 시간과 에너지를 쏟아부은 집합체를 능가할 가능성은 거의 없습니다. 그러나 우리는 모두 문제를 해결하는 고유한 관점을 갖고 있으므로 기존의 솔루션에서 변경하고 싶은 부분 혹은 비효율을 발견할 수도 있을 텐데, 오픈소스 소프트웨어를 통해 원하는 바를 이룰 수가 있습니다.

6.1 상호 호환성이 중요한 이유는 무엇일까요?

"이 주제는 이미 배운 내용이지 않나요?"라고 생각하는 사람도 있을 것입니다. 맞습니다. Go 코드로 작성된 라이브러리를 이용하는 방법을 이미 살펴보았으며, 사례 대부분에 매우 유용하게 사용할 수 있습니다. 그러나 세상 모든 코드를 Go로 작성할 수는 없으며, 현재 거의 모든 코드는 Go로 짜여 있지 않습니다. 모든 프로그래머는 각자 가장 선호하는 프로그래밍 언어가 있고, 작업에 따라 요청되는 언어가 다르기도 합니다. 그렇다면 다른 사람의 코드가 Go로 작성되지 않았다면, 자신의 Go 프로그램에서 어떻게 사용할 수 있을까요?

이 부분은 현존하는 거의 모든 프로그래밍 언어가 어떤 식으로든 가지는 문제인데, 각 언어는 아키텍처에 따라 서로 다른 방식으로 이 문제에 대처하고 있습니다. 예를 들어 Python은 컴파일 언어가 아니고 인터프리터 언어입니다.

이것은 Python 프로그램을 실행할 때 코드가 기계어로 컴파일되지 않는다는 것을 의미하며, 대신 인터프리터 프로세스는 코드를 적극적으로 살펴보고 해당 프로세스를 통해 코드를 실행합니다.

또한 Java와 같은 JIT(Just In Time) 컴파일 언어도 존재합니다. Java는 사용자가 작성한 코드를 컴파일하지만, 기계어로 컴파일하지 않고 대신 CPU가 사용하는 것보다는 더 높은 레벨인 Java 바이트코드로 컴파일합니다. 그리고 바이트코드를 실행할 때 Java 버추얼 머신(Java Virtual Machine, JVM)은 Python과 유사한 방식으로 이것을 인터프리트합니다. 이 방법은 일반적으로 Python과 같이 순수 인터프리터 언어보다 훨씬 성능이 좋은데, 인터프리트된 코드가 네이티브 CPU 코드로 즉시 컴파일될 수 있고, 나중에 함수가 호출될 때를 위해 캐시될 수 있기 때문입니다.

마지막으로, Go, C, C++, Swift 그리고 Rust와 같은 종류의 언어가 사용하는 AOT 컴파일(Ahead Of Time compile)을 알아보겠습니다. 위와 같은 언어들은 프로그램이 실행되기 전에 미리 사용자 코드를 네이티브 CPU 코드로 미리 컴파일합니다. 일반적으로 위와 같은 언어는 최적의 성능을 발휘하도록 사용자 코드를 최적화할 수 있으며, 실행 가능한 바이너리 형태로 생성되는 구조라 별도의 소프트웨어 없이 운영체제에서 실행합니다.

macOS에서는 Mach-O, Linux는 DWARF, Windows에서는 .exe 파일이 생성되며, 각각의 파일 포맷은 운영체제가 코드를 이해할 수 있는 헤더 정보와 바이너리로 내용을 정렬할 수 있는 고유한 표준을 가지고 있습니다.

C, C++, Swift 그리고 Rust와 같은 대부분의 AOT 컴파일 프로그래밍 언어에서는 운영체제가 호출하게 될 "진입 지점" 혹은 "main" 함수가 존재하며, 이 함수를 시작으로 필요한 모든 코드가 실행되고 main 함수가 종료되면 프로그램 또한 종료됩니다.

또한, 사용자는 때때로 이미 컴파일된 다른 코드도 호출할 수 있습니다. 예를 들어, 메모리 할당을 위한 malloc이라는 함수의 정의가 코드 내에 없어도 우리는 malloc 함수를 호출할 수 있습니다. 왜냐하면 해당 함수를 운영체제의 C 라이브러리에서 제공하고, 컴파일러가 생성하는 바이너리에는 사용자 코드가 접근해야 하는 라이브러리의 링크 정보가 포함되어 있기 때문입니다.

런타임에 로드되면서 컴파일 시간에 존재하기로 약속한 이 라이브러리를 우리는 "공유 라이브러리"라고 부릅니다. 이렇게 부르는 이유는 여러 프로그램이 공유할 수 있기 때문입니다. 그러니까 아이폰용으로 제공되는 모든 카메라 앱이 라이브러리를 포함하지 않고서도 운영체제가 가진 라이브러리를 필요할 때 동적으로 로드하는 방식으로 동작할 수 있다는 말입니다.

이러한 라이브러리의 포맷은 플랫폼별로 상이한데, Linux에서는 ".so"(Shared Object), macOS는 ".dylib"(Dynamic Library), 그리고 Windows에서는 ".dll"(Dynamically Linked Library)을 사용합니다. 모두 같은 목적의 파일이지만, 처리 속도는 시스템별로 다소 차이가 있어 때때로 Windows에서 "DLL 지옥"과 같은 상황이 발생하기도 합니다.

공유 라이브러리에 대한 지식을 이용하면 우리는 프로그래밍 언어 간의 코드를 공유할 수 있게 됩니다. AOT 컴파일 언어는 높은 레벨의 코드를 같은 기계어 포맷으로 변환하기 때문에 임의의 코드를 공유 라이브러리로 컴파일할 수 있습니다. 따라서 우리는 컴파일된 코드를 가져와 앞서 언급한 라이브러리에 연결하는 것으로 다른 언어에서 작성된 코드를 호출할 수 있게 되는 것입니다.

물론 위 내용이 모든 상황에 똑같이 적용되는 것은 아니며, 인터프리터 언어 혹은 JIT 컴파일 언어의 경우는 상황에 따라 방식이 다를 수 있습니다. 예를 들어 Python은 인터프리터의 공유 라이브러리에 링크하여 Python 프로그램을 수동으로 인터프리트 할 수 있고, Java 또한 이와 유사한 방식을 지원합니다. 다만, 이 장에서는 인터프리터 언어는 다루지 않고 AOT 컴파일 언어만 다룰 예정이므로, 관련 상세 내용은 생략합니다.

그리고 Go 컴파일러 내부 동작에 익숙하지 않다면 놓치기 쉬운 제한 사항이 하나 더 있는데, 바로 모든 AOT 컴파일 언어가 똑같은 기계어 포맷을 따르지는 않는다는 것입니다. 운영체제의 관점에서는 "이론적으로" 각 실행 파일의 컴파일 언어 종류와 상관없이 같은 포맷을 따를 것입니다. 그러나 실제로는 각 언어가 어떤 특수한 목적을 달성하기 위하여 바이너리에 고유한 트릭을 추가하는 경우가 일반적입니다. 이렇게 추가된 코드를 "런타임"이라고 하며, 사용자가 작성하고 있는 코드와 다른 코드들이 컴파일러에서 추가되었기 때문에 "런타임"이 많을수록 다른 언어에서 해당 코드를 호출하는 것이 복잡해집니다.

컴파일된 기계어는 "같은 컴파일러로 작성된 코드에서 호출될 것"이라는 추정을 기반으로 만들어졌다는 점을 생각한다면 이해할 수 있습니다. Swift를 예로 들어보겠습니다. 해당 언어에서 사용자가 클래스에 참조를 전달할 때, Swift의 ARC는 메모리를 해제해야 할 때를 추적할 수 있도록 참조 카운터를 증가시킵니다. 만약 사용자가 해당하는 참조를 C 코드에 대한 포인터로 전달한다면, C 코드는 포인터를 소유하지 않으므로, 해당 메모리가 접근하거나 변경해도 안전한지 확신할 수 없을 것입니다.

그리고 이전 장에서 이미 배웠듯이, Go는 C나 Swift, Rust보다 훨씬 더 큰 런타임을 가지고 있습니다. 이것은 Go가 여러 개의 고루틴을 다루는 데 필요한 모든 업무를 처리해야 하기 때문입니다. 그러므로 Go 프로그램을 어셈블리로 컴파일할 때는 여러분이 정의한 main 함수가 프로그램의 진입점이 아닐 수 있습니다. Go 프로그램의 진입점은 Go 런타임 백엔드 대부분을 포함하는, 연결된 공유 라이브러리 내부에 실제로 존재합니다.

해당 공유 라이브러리는 런타임을 초기화하고, 일부 내부적인 설정 및 준비를 마치고 나서 main 함수를 호출합니다. 그리고 프로그램의 종료 역시 이 라이브러리를 통해 진행됩니다.

따라서 여러분은 아무런 대비 없이 "공유 라이브러리에 Go 프로그램을 연결하고 함수를 호출"해서는 안 됩니다. Go에서 공유 라이브러리를 호출하면, 다른 언어와 비교할 때 상대적으로 큰 성능 저하가 발생하기 때문입니다(이러한 성능 저하는 대부분 Gc 컴파일러 대신 Gccgo를 사용해 해결할 수 있습니다).

그러나 다른 언어의 코드를 호출하는 것은 여전히 우리에게 많은 도움이 됩니다. 특히 다른 언어로 구현하는 것이 유리한 작업을 해당 언어로 작업하고, 그 결과를 Go 코드에서 접근하고 싶을 때는 더욱 그러합니다.

이 장에서는 위 내용을 증명하기 위해 Go와 다른 AOT 컴파일 프로그래밍 언어 간의 여러 가지 상호 호환 방식을 알아볼 것입니다.

6.2 C 코드와 상호 호환하기

Go에서 C 코드의 "Hello, World"를 작성하는 예시로 학습을 시작해 봅니다.

먼저 순수하게 C로 작성된 코드를 보겠습니다.

코드 6.1 C의 "Hello World" 애플리케이션

```
#include <stdio.h>
int main(){
    printf("Hello, World!\n");
    return 0;
}
```

실질적인 내용에 해당하는 코드는 첫 번째 줄과 세 번째 줄이며, 이는 컴파일러에게 다음과 같은 내용을 지시합니다.

1. 운영체제(OS)에서 "stdio.h" 파일을 가져와서, 해당 내용을 이 파일에 붙여넣을 것.
   (a) 이 파일에는 입력과 출력을 처리하는 함수 선언이 많이 포함되어 있습니다. 그러나 위와 같은 헤더는 호출할 수 있는 함수만 우리에게 알려 주기 때문에, 실제로 동작하게 하기 위해서는 이 코드를 해당 함수가 있는 라이브러리에 연결해야 합니다. 다만, 여러분의 바이너리는 표준 라이브러리에 디폴트로 연결되어 있기 때문에, stdio.h를 쓸 때 연결하지 않아도 됩니다.
2. "printf" 함수를 호출하고 "Hello, World!\n" 문자열을 포함하는 캐릭터 버퍼에 대한 포인터를 전달합니다.

위에서 언급한 코드를 제외한 나머지 세 줄은 C 컴파일러가 해당 코드를 컴파일하고 실행하는 데 필요한 형식일 뿐입니다.

Go에서 위 코드를 호출하기 위해서는 몇 가지 변경이 필요한데, 먼저 기억해야 할 점은 프로그램의 진입점이 C가 아닌 Go라는 점입니다. 이는 C 코드에서 main 함수를 정의할 수 없다는 의미로 다른 이름을 붙인 함수가 필요합니다. 또한, print만 수행할 뿐 아무것도 반환하지 않으므로, C에서 "nothing"을 의미하는 "void"를 반환 타입으로 갖습니다.

결론적으로 다음과 같이 함수가 변경됩니다.

코드 6.2 C의 "Hello World" 함수

```
#include <stdio.h>
void printHelloWorld() {
    printf("Hello, World!\n");
}
```

이 코드는 main 함수가 없으므로 C 컴파일러로는 컴파일하거나 실행할 수 없습니다. 그러나 다음 플래그를 사용하여 컴파일하면(사용자가 Clang 또는 GCC 컴파일러를 사용한다고 가정),

```
-shared -fPIC -o libhelloworld.so
```

공유 라이브러리 포맷의 기계어로 컴파일된, 위 코드를 포함한 "libhelloworld.so"라는 파일을 확인할 수 있습니다. 파일 확장자를 현재 실행 중인 운영체제를 기준으로 변경하세요.

여러분은 이 공유 라이브러리를 Go에서 호출할 수 없음을 배워서 이미 알고 있습니다. 따라서 우리는 cgo라고 하는 별도의 Go 라이브러리를 이용합니다. cgo를 이용하면 C 코드와 헤더를 포함하는 Go 코드를 컴파일할 수 있고, 컴파일된 C 코드와 헤더를 연결할 수 있어 C 원시 코드를 컴파일하여 실행 가능 형태의 최종 파일을 Go에서 생성해 낼 수 있습니다. 그러므로 공유 라이브러리가 필요하지 않게 됩니다.

본격적으로 사용 방법을 알아보겠습니다. cgo를 사용하기 위해 할 일은, 주석 처리된 C 코드와 함께 "C"패키지를 임포트 하는 것뿐입니다.

```
package main

//#include <stdio.h>
//void printHelloWorld() {
//    printf("Hello, World!\n");
//}
import "C"
```

이렇게 하면 Go가 C 모듈을 임포트하고, 그 앞에 작성된 주석을 통해 C 코드로 처리해야 할 부분을 파악하여 Go에서 실행 가능한 형태로 컴파일합니다.

그리고 이제부터는 어떤 모듈의 함수를 호출하는 방식으로, 다음과 같이 간단하게 C 함수를 호출할 수 있습니다.

코드 6.3 Go에서 C "Hello World" 함수 호출

```
package main

//#include <stdio.h>
//void printHelloWorld() {
//    printf("Hello, World!\n");
//}
import "C"

func main() {
    C.printHelloWorld()
}
```

해당 코드를 컴파일하고 실행하면, Go에서 C로 hello world를 출력하는 실행 파일을 확인할 수 있습니다.

이제 라이브러리 없이 Go에서 간단한 C 코드를 호출하는 방법을 이해했으므로, 조금 더 복잡한 예를 살펴보겠습니다. 만약, C에 변수를 전달하거나 함수의 반환 값을 사용하려면 어떻게 해야 할까요?

첫 번째 장애물은 타입을 C에서 Go로 혹은 그 반대로 변환하는 것입니다. cgo 모듈에는 C.int(32비트 부호 있는 정수), C.uint(32비트 부호 없는 정수), C.long(64비트 부호 있는 정수) 등과 같은 다양한 타입이 포함되어 있는데, 이러한 타입 중 변환하기 가장 어려운 것 중 하나는 바로 문자열입니다. 왜냐하면 문자열은 우리가 캐릭터라고 부르는 여러 개의 독립적인 데이터 조각의 배열일 뿐, 기술적으로 어떤 하나의 데이터라고 할 수 없기 때문입니다.

그리고 변환을 더 어렵게 만드는 점은, 우리가 "캐릭터" 하나로로 생각하더라도 이모지나 기타 유니코드 캐릭터처럼 1바이트로 표현되지 않을 수 있다는 점입니다.

C에서 문자열은 "char*(또는 '캐릭터 버퍼에 대한 포인터')"라고 하는 8비트 부호 있는 정수의 원시 배열로 표현됩니다. 이러한 문자열에서 종료를 나타내는 값은 일반적으로 모든 비트가 OFF(0으로)로 설정된 바이트로, "null terminator" 역할을 하며, 이 문자열을 "null terminated strings"이라고 부르기도 합니다. 그리고 이것은 문자열 버퍼가 실제로 끝나는 시점을 알려 주어, 여러분이 버퍼의 길이를 추적할 필요가 없도록 해 줍니다.

Go에서 cgo의 CString 함수를 사용하면 Go 문자열을 C 문자열로 손쉽게 변환할 수 있지만, 문자열에 필요한 메모리 사본이 만들어지므로 성능에 민감한 경우에는 바람직하지 않을 수도 있습니다.

또 C 문자열을 사용할 때는 메모리를 해제해야 하고 필요 이상으로 오래 남아있지 않도록 할 책임이 생

기는데, 이것을 메모리 누수라고 합니다. Go의 가비지 컬렉터는 사용자가 생성한 이 포인터를 처리할 수 없으므로, 포인터가 가리키는 메모리 버퍼를 해제하는 책임은 여러분에게 있는 것입니다.

다음은 CString 함수의 시그니처입니다.

```
func C.CString(string) *C.char
```

이제 Go에서 조금 더 복잡한 C 함수를 사용해 보도록 합시다. 앞에서 살펴본 "null terminated string"을 취하고 print를 수행하는 함수를 정의해 볼 것입니다.

코드는 다음과 같습니다.

코드 6.4 Go에서 C로 캐릭터 포인터 전달하기

```
package main

//#include <stdio.h>
//#include <stdlib.h>
//void printString(char* str) {
//    printf("%s\n", str);
//}
import "C"
import "unsafe"

func main() {
    a := C.CString("This is from Golang")
    C.printString(a)
    C.free(unsafe.Pointer(a))
}
```

로직 자체는 매우 간단합니다. 먼저 cgo 모듈을 임포트하기에 앞서 주석으로 C 코드를 구현합니다. C 함수는 단순히 캐릭터 포인터를 받아서 printf 함수에 전달하고 문자열 포맷으로 출력합니다.

그러나 main 함수에서는 조금 더 많은 작업이 필요합니다. 첫 번째는 Go 문자열을 C 문자열로 변환하는 작업입니다. 이 작업은 C.CString("This is from Golang")에 의해 수행되며, 그런 다음 C 함수의 인자로 해당 값을 전달합니다.

메모리를 수동으로 제어하고 있기 때문에, 버퍼를 직접 해제해 줘야 합니다. 명심해야 할 것은 C free 함수는 타입 정보를 포함하지 않는 제네릭 포인터를 가지므로, unsafe 모듈을 이용하여 먼저 C 문자열과 관련된 타입을 삭제해야 합니다. C 문자열이 제네릭 포인터가 아닌 캐릭터 포인터라는 것을 기억하도록 합시다. 삭제가 완료되면 우리는 이것을 free 함수에 전달할 수 있습니다.

한 가지 더 기억해야 하는 점은, free 함수를 사용하기 위해선 stdio.h와 함께 stdlib.h를 추가해야 한다는 점입니다. 해당 헤더가 없으면 할당한 메모리를 해제하는 것은 불가능합니다.

이 코드를 실행하면 터미널에 "This is from Golang"이 출력된 것을 확인할 수 있습니다. 문자열은 내부적으로 Go에서 C로 전달되었고, 출력되고 나서 메모리는 해제되었을 것입니다.

C 함수에서 반환 값을 가져와서 Go가 이해할 수 있는 타입으로 변환하는 것도 매우 간단합니다. 예를 들어, 캐릭터 포인터인 문자열을 반환하는 경우, 다음과 같이 Go 문자열로 변환할 수 있습니다.

코드 6.5 C 문자열을 Go 문자열로 변환하기

```
package main

//#include <stdio.h>
//char *getName(int idx) {
//    if (idx == 1)
//        return "Tanmay Bakshi";
//    if (idx == 2)
//        return "Baheer Kamal";
//    return "Invalid index";
//}
import "C"
import (
    "fmt"
)

func main() {
    cstr := C.getName(C.int(2))
    fmt.Println(C.GoString(cstr))
}
```

이 경우 C에서 반환된 캐릭터 포인터를 해제할 필요가 없는데, 이유는 해당 값이 애초에 힙에 할당되지 않고 스택에만 저장되었기 때문입니다. 그러나 만약 버퍼가 malloc(1) 호출의 결과로 생성된 경우라면 해제가 필요할 것입니다.

마지막으로 알아야 할 사항은, 주석에 추가한 코드를 원하는 대로 컴파일하도록 C 컴파일러에 지시할 수 있다는 것입니다. 예를 들어 특정 컴파일 플래그를 전달하려는 경우 CFLAGS 파라미터를 사용할 수 있습니다.

숫자가 "어글리"에 해당하는지 알려 주는 함수를 작성한다고 해보겠습니다. 어글리 넘버(ugly number)란 소인수분해 했을 때 그 소인수가 2, 3, 5로만 이루어진 수를 의미합니다. 다음은 1부터 20개까지 나열한 어글리 넘버들입니다.

1, 2, 3, 4, 5, 6, 8, 9, 10, 12, 15, 16, 18, 20, 24, 25, 27, 30, 32, 36

다음과 같은 C 코드로 해당하는 수를 확인할 수 있습니다.

코드 6.6 C에서 n번째 어글리 넘버를 구하는 코드

```c
#include <stdio.h>

int numberIsUgly(int x) {
    while (x > 1) {
        int y = x;
        while (y % 2 == 0)
            y /= 2;
        while (y % 3 == 0)
            y /= 3;
        while (y % 5 == 0)
            y /= 5;
        if (x == y)
            return 0;
        x = y;
    }
    return 1;
}
=
void getNthUglyNumber(int n) {
    int i = 0;
    int j = 0;
    while (j < n) {
        i++;
        if (numberIsUgly(i)) {
            j++;
        }
    }
    printf("%d\n", i);
}
```

getNthUglyNumber 함수를 통해 n번째 어글리 넘버를 구할 수 있습니다. 예를 들어, 10번째 어글리 넘버는 12고, 20번째는 36입니다. 이 알고리즘에는 개선해야 하는 부분이 몇몇 있지만, 일단 계속 진행해 보겠습니다.

C 코드를 포함하는 Go 코드를 작성하면 다음과 같습니다.

```go
package main

//#cgo CFLAGS: -O0
//#include <stdio.h>
//
//int numberIsUgly(int x) {
//    while (x > 1) {
//        int y = x;
//        while (y % 2 == 0)
//            y /= 2;
//        while (y % 3 == 0)
//            y /= 3;
//        while (y % 5 == 0)
//            y /= 5;
//        if (x == y)
//            return 0;
//        x = y;
//    }
//    return 1;
//}
//
//void getNthUglyNumber(int n) {
//    int i = 0;
//    int j = 0;
//    while (j < n) {
//        i++;
//        if (numberIsUgly(i)) {
//            j++;
//        }
//    }
//    printf("%d\n", i);
//}
import "C"

func main() {
    C.getNthUglyNumber(C.int(1000))
}
```

이 코드와 이전에 cgo를 사용하여 작성한 코드 사이에는 한 가지 중요한 차이점이 있습니다. 바로 C 코드의 첫 번째 줄에서 CFLAGS 변수를 사용하여 C 컴파일러에 "-O0" 플래그를 전달하도록 cgo에 지시하고 있는 부분입니다. 이 플래그는 C 컴파일러에 "코드를 최적화하지 말고, 어셈블리 변환을 위한 다이렉트 코드를 가능한 한 많이 사용할 것"이라고 말하고 있습니다.

Intel i9이 탑재된 맥북 프로에서 1000번째 어글리 넘버를 찾는 프로세스가 약 1.7초 만에 수행되었습니다.

다소 긴 시간입니다! 이번에는 코드 맨 위에 있는 플래그를 다음과 같이 O0에서 Ofast로 변경해 보겠습니다.

```
//#cgo CFLAGS: -Ofast
```

같은 시스템인데 실행되는 데 약 0.4초밖에 걸리지 않았습니다. 이처럼 컴파일러 최적화는 강력하며 CFLAGS 변수를 사용해 이 플래그를 포함한 여러 가지 GCC 플래그를 컴파일러에 전달할 수 있습니다.

같은 로직으로 "linker"에 플래그를 전달할 수도 있는데, linker는 실행 파일이 코드를 호출(연결)해야 하는 공유 라이브러리를 운영체제에 알리는 역할을 합니다.

테스트하기 위해 "factorial.c"라는 파일에 다음 C 코드를 작성해 보겠습니다.

```c
int factorial(int x) {
    if (x == 1)
        return x;
    return factorial(x - 1) * x;
}
```

우리는 단순히 어떤 함수도 호출하지 않는 이 코드를 공유 라이브러리로 컴파일할 것이기 때문에, include 혹은 main 함수가 필요하지 않습니다. 다음과 같이 컴파일 명령을 작성합니다.

```
clang factorial.c -shared -fPIC -o libcfactorial.dylib
```

factorial 함수에 대한 바이너리 기계어 코드가 포함된 파일을 확인할 수 있을 것입니다. Go에서 호출하기 위해 이렇게 작성해 보세요.

코드 6.8 공유 라이브러리 연결 및 Go에서 C 함수 호출하기

```go
package main

//#cgo LDFLAGS: -L. -lcfactorial
//int factorial(int);
import "C"
import "fmt"

func main() {
    fmt.Println(C.factorial(C.int(5)))
}
```

cgo에 대한 주석은 단 두 줄만 존재하며, 다음과 같이 동작합니다.

1. 첫 번째 줄은 링커에게 "코드가 컴파일되는 디렉터리에서 공유 라이브러리를 찾고, 특히 'cfactorial'이라는 라이브러리에 대해 링크할 것"이라고 지시합니다. 라이브러리의 실제 파일 이름은 "libcfactorial.dylib"이지만 링커는 시작 부분의 "lib"과 끝부분의 ".dylib"을 무시합니다.
2. 두 번째 줄은 "어떻게 동작하는지는 모르겠지만 factorial이라는 함수가 프로그램 어딘가에 존재하고, 32비트 부호 있는 정수를 반환하고, 단일 32비트 부호 있는 정수를 인자로 취한다"라고 얘기하고 있습니다.

이 함수의 실제 기계어 코드는 이전 단계에서 구축한 라이브러리에 이미 컴파일되어 있습니다.

이제 Go 코드를 컴파일할 때는 factorial 함수를 컴파일하지 않는다는 것을 기억해야 합니다. 우리는 clang 명령을 수동으로 실행할 때 이미 컴파일했기 때문입니다. 대신, 이제 미리 컴파일된 factorial 함수 버전을 링크하도록 Go에 지시합니다.

Go 코드를 빌드하고 실행하면, 5:120(5의 팩토리얼은 120)을 출력하는 것을 확인할 수 있습니다.

이제 Go에서 C의 호출과 관련된 모든 기본 사항을 배웠습니다. 지금부터는 조금 더 복잡한 내용으로 넘어가 봅시다. Go에서 Swift를 호출하여 실제로 현실 세계에서 의미 있는 실용적인 애플리케이션을 구현해 볼 것입니다.

6.3 Swift와 상호 호환하기

Go에서 Swift를 호출하려는 이유는 무엇일까요?

Go 컴파일러가 매우 뛰어나다는 것을 독자들은 이미 알고 있을 것입니다. 여기에 더해 Go는 컴파일 속도와 런타임 속도 사이에서 균형을 잘 유지할 수 있으며, 이는 Go로 작성된 코드가 갖는 장점이 됩니다. 물론 매우 빠른 컴파일 속도로 인하여 컴파일된 코드 자체가 약간 느리거나, 언어의 가독성이 다소 약할 수 있습니다.

그러나 Go 옵티마이저 또한 매우 좋으므로 이것은 큰 문제가 되지 않습니다. 다만, 몇몇 이유로 Go에서 지원하지 않는 최적화가 존재하는데, 예를 들어 꼬리 물기 최적화(tail call optimization)는 Go에 존재하지 않습니다. 꼬리 물기 최적화는 재귀 알고리즘(recursive algorithms)을 훨씬 더 효율적으로 만드는 역할을 합니다. 이는 재귀 호출(recursive call)을 원래의 호출자에게 반환되게 하여, 더 깊은 콜 스택(deep recursive call stack)으로의 반환이 필요 없도록 구성하는 것으로 달성될 수 있습니다.

이런 종류의 코드는 C와 같은 언어로 작성하는 것이 적합하다고 생각할 수 있을 것입니다. 때로는 이것이 사실일 수도 있지만, C가 제공하는 제어 수준이 필요하지 않아 부담으로 다가올 때도 있습니다. 이것이 바로 Swift 혹은 이와 유사한 언어가 존재하는 이유입니다.

동시성과 같이 Go에서 매우 잘 구현되는 기능들이 있고, 또 Go에서 작성된 모듈을 통해 원하는 애플리케이션을 더 쉽게 구현할 수도 있다는 사실을 이미 알고 있습니다. 그러나 때때로 우리는 다른 언어로 작성해야 하는 코드들도 만나게 될 것이며, 이러한 경우에 Swift와 같이 높은 레벨의 언어를 Go에서 호출하는 것이 매우 유용할 수 있습니다.

이를 확인하기 위해, "AI"를 이용하여 테트리스를 자동으로 플레이하고, 게임의 결과를 커맨드 라인에 시각화하는 애플리케이션을 구현해 보겠습니다. 이를 통해 Go와 Swift 간의 상호 호환성을 이해하기 위해서는 먼저 테트리스 게임 및 AI에 대하여 학습할 필요가 있습니다.

여러분은 아마도 테트리스를 직접 해 보았거나, 누군가가 게임하는 것을 본 적이 있을 것입니다. 이것은 간단히 말해, 화면 상단에서 하단으로 떨어지는 벽돌을 여러 가지 방식으로 조작하여, 정해진 경계선 사이에 "줄"을 만드는 고전적인 게임입니다. 하나의 줄이 완성되면 해당 행이 지워지고 그 위에 있는 모든 벽돌은 아래로 이동합니다.

그림 6.1은 구현된 클래식 테트리스 게임의 플레이 스크린샷입니다. 우리가 이 장에서 구축하는 버전은 커맨드 라인으로 실행되므로 이것과는 다르다는 점을 참고하세요.

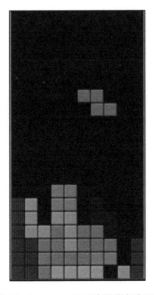

[그림 6.1] The Tetris Company, LLC의 클래식 테트리스 게임 플레이

우리가 구축하는 AI의 구체적인 전략은 다음과 같습니다.

1. 떨어지는 블록을 보고, 좋고 나쁨과 관계없이, 해당 블록이 다른 블록 위에 위치할 수 있는 모든 가능한 최종 상태를 확인할 것
2. 가능한 많은 가중치 휴리스틱(weighted heuristics)을 이용하여 상태별 점수를 부여하고, 그중 점수를 최대화할 가능성이 가장 큰 "최고"의 것을 찾을 것
3. 길 찾기 알고리즘을 이용하여 엔딩 위치(ending position)에 도달하는 방법을 찾을 것
4. 엔드 상태로 이동할 것

이런 전략으로, 적합한 휴리스틱과 가중치를 사용하면 테트리스를 잘하는 AI를 구현할 수 있습니다.

- **공간의 수** - 위의 라인이 지워질 때까지 채울 수 없는 블록의 간격
- **열린 공간의 수** - 다른 블록으로 덮이지 않는 블록의 간격
- **공간 위의 블록** - 공간 위의 블록 수
- **최대 라인 높이** - 가장 높이 위치한 블록의 Y 위치
- **마지막으로 추가된 블록의 높이** - 현재 이동한 블록의 피크 Y 위치
- **기둥의 개수** - 세로선 조각으로 채워야 하는 열의 개수
- **가장 오른쪽 선의 블록** - 가장 오른쪽 열에 있는 블록의 피크 Y 위치
- **울퉁불퉁함** - 인접한 열 간의 피크 Y 위치 누적 차이

특정 상태의 "비용"은 이러한 모든 휴리스틱의 값을 가져와 가중치를 곱한 것을 합산하여 결정되며, 비용이 낮을수록 게임 전체에 대한 상태가 더 좋음을 의미합니다.

그렇다면 우리는 어떻게 올바른 가중치를 찾아낼 수 있을까요?

한 가지 방법은 직관으로 추정하는 것입니다. 예를 들어, 우리는 울퉁불퉁한 형태나 공간이 생기면 좋지 않다는 것을 알고 있습니다. 또 막혀있는 공간보다는 열려있는 공간이 좋다는 것도 알고 있습니다. 따라서 숫자들을 짐작해 가며 위의 상황을 살피고 줄의 높이를 최소화해 보면 됩니다.

그러나 이러한 추정 방식은 각 휴리스틱 간의 상호 작용 결과를 제대로 파악하지 못하기 때문에 확장 불가능합니다. 그러므로 우리는 가중치를 찾는 수학적이고 자동화된 방법이 필요합니다.

CMA-ES(Covariance Matrix Adaptation Evolutionary Strategy)라고 불리는 코드에 구현된 이 솔루션은, 미분할 수 없는 함수가 있거나 도함수가 최적화에 적합하지 않을 때 일반적으로 사용되는 알고리즘입니다. 이 알고리즘은 지금 구현하려는 테트리스 시나리오에 매우 적합하므로, CMA-ES를 사용하여 가능한 최상의 가중치를 찾아볼 것입니다.

알고리즘은 가중치 1부터 휴리스틱의 결과를 합산하기 시작합니다. 각각의 결과들을 보면 의미가 없어 보일 수 있지만, CMA-ES는 시행착오 최적화 메서드(trial-and-error optimization method)를 통해, 4백만 줄 이상을 삭제할 수 있는 솔루션을 빠르게 찾아냅니다. 또한 완료하는 데는 12시간도 걸리지 않습니다.

여기서 기억해야 할 사항 한 가지는, UI 렌더링 없이 메모리에서 게임을 시뮬레이션하며 AI가 400만 줄을 삭제하는데 4시간 이상이 소요되었다는 점입니다. 독자들은 아마도 AI가 비현실적으로 높은 점수를 기록한다고 하더라도 매우 긴 시간이라고 느낄 수도 있습니다. 그러나 이는 사실 인터넷상의 다른 어떤 구현보다도 훨씬 빠른 속도입니다. 그리고 이러한 빠른 속도는 다음과 같은 이유로 가능합니다.

- Swift로 작성되었고, 이에 따라 세계 최고의 컴파일러 구성을 통해 컴파일 및 최적화되었습니다.
- 게임은 UI 렌더링없이 온전히 메모리에서만 플레이되었습니다.

최적화는 전체 게임을 시뮬레이션해야 하므로, 시뮬레이션이 빠를수록 최적화에 많은 시간을 할애할 수 있어 더 좋은 가중치를 빠르게 찾아낼 가능성이 크며 이는 곧 더 나은 AI를 의미합니다.

그리고 게임을 더 빠르게 시뮬레이션하려면 게임의 로직 자체를 빠르게 구현할 필요가 있는데, 이것이 바로 이 게임이 Swift로 구현된 이유를 설명해 주고 있습니다. 속도가 반드시 빨라야 합니다! Go는 이와 같은 최적화가 불가능하므로 경쟁력 있는 AI를 만들어 낼 수 없으며, 바로 이것이 좋은 기반 기술이 결국 더 나은 사용자 경험을 만들어 내는 직접적인 예시이기도 합니다.

여러분은 AI와 게임 로직이 Swift로 작성된 이유를 이제 이해할 수 있을 것입니다. 그렇다면 최적화 프로그램 자체는 어떨까요? 게임 로직처럼 자주 호출되는 게 아니니 Go에서 작성할 수 있진 않을까요? 정답은 바로 이미 수천 명의 사람이 시간을 투자해서 만들어 놓은 복잡한 바퀴를 다시 발명할 필요가 없다는 것입니다.

CMA 최적화는 이미 Python 패키지에 존재하며, 몇 번의 함수 호출을 통해 쉽게 이용할 수 있습니다. 그렇다면 우리는 Go에서 Python과 같은 인터프리트 언어의 호출도 학습해야 할까요?

이 책은 Python과의 상호 호환성에 대해서 다루지 않습니다. 그 대신 Swift의 표준 라이브러리에 구축된 쉽고 강력한 Python과의 상호 호환 계층을 이용해 볼 것입니다. 이를 통해 우리는 Swift 코드에서 Python 패키지를 손쉽게 사용할 수 있습니다.

코드 6.9 Swift에서 Python 호출하기

```
import PythonKit

let np = Python.import("numpy")

let x = np.array([1, 2, 3])
for i in x {
    print(i)
}
print(x * 2)
```

이 기능은 아쉽게도 아직 Go에서는 지원되지 않으므로, Swift에서 Python 최적화 코드를 호출하여 작업을 진행할 것입니다.

그렇다면 Go는 무엇을 해야 할까요? Go는 애플리케이션의 UI를 제공하는 부분을 담당할 예정입니다. 우리는 앞에서 GUI에 대해 배웠으니 이번에는 CLI(command-line interface)를 사용해 볼 차례입니다. Go에는 Swift의 그 어떤 것보다도 우수한 "tcell"이라는 훌륭한 라이브러리가 존재합니다. tcell 모듈은 복잡한 커맨드라인 인터페이스를 구현하기 위한 매우 직관적인 방법을 제공합니다. 따라서 주요 게임 로직은 Swift에서 Python을 임포트 하여 처리되고, 관련된 모든 부분은 Go에서 호출된다고 할 수 있을 것입니다.

서로 다른 언어로 작성된 코드를 함께 사용할 수 있다는 것이 매우 놀랍지 않나요?

이제 게임을 하기 위한 Swift 코드를 작성해 보겠습니다. 필요한 모든 코드는 GitHub 저장소의 "Tetris" 폴더에서 다운로드할 수 있는데, 700줄 가까이 되는 긴 코드이니 책에서는 Go가 호출할 중요한 부분만 살펴볼 것입니다.

```
@_cdecl("nextBestMoves")
public func nextBestMoves() -> UnsafeMutablePointer<Int> {
    var nextMoves = game.nextBestMoves()!.0
    nextMoves.insert(nextMoves.count, at: 0)
    return nextMoves.withUnsafeBufferPointer { ptrToMoves -> UnsafeMutablePointer<Int> in
        let newMemory = UnsafeMutablePointer<Int>.allocate(capacity:nextMoves.count)
        memcpy(newMemory, nextMoves, nextMoves.count * MemoryLayout<Int>.size)
        return newMemory
    }
}

@_cdecl("playMove")
public func playMove(move: Int) {
    switch move {
```

```
        case -1:
            game.swapHold()
        case 0:
            game.attemptSpin(clockwise: true)
        case 2:
            game.attemptSpin(clockwise: false)
        case 4:
            game.horizontalMove(left: false)
        case 5:
            game.horizontalMove(left: true)
        case 6:
            game.down()
        default:
            fatalError()
        }
}

@_cdecl("renderFrame")
public func renderFrame() -> UnsafeMutablePointer<Int> {
    var x = [24, 10] + game.render().reduce([], +)
    x.insert(x.count, at: 0)
    return x.withUnsafeBufferPointer { ptrToMoves -> UnsafeMutablePointer<Int> in
        let newMemory = UnsafeMutablePointer<Int>.allocate(capacity:x.count)
        memcpy(newMemory, x, x.count * MemoryLayout<Int>.size)
        return newMemory
    }
}

@_cdecl("lockGame")
public func lockGame() -> Bool {
    return game.lock()
}

@_cdecl("resetGame")
public func resetGame() {
    game = Tetris(width: 10, height: 24)
}
```

공유 라이브러리로 컴파일되도록 설계된 이 코드의 아키텍처가 복잡해 보이지는 않습니다. 게임 상태를 전역 변수로 선언하고, 함수를 사용하여 해당 전역 상태를 수정하는 방식입니다. 이 아키텍처를 전역 대신 포인터로 상태를 전달하는 구조로 변경하면 성능이 개선되리라 예상되지만, 이 특정 예시에서는 전역 변수를 사용하는 것만으로도 문제없이 동작할 것으로 보입니다.

공유 라이브러리가 로드되면 전역 변수 "game"이 자동으로 새로운 테트리스 보드에 초기화되는데, 디폴트 너비와 높이는 각각 10과 24입니다.

그런 다음 작업을 하는 실제 함수가 존재하며 각각의 역할은 다음과 같습니다.

- **nextBestMoves**: 이 함수는 현재 보드 상태를 취하고 전체 AI 파이프라인을 실행하여, 다음에 진행해야 할 가장 좋은 이동 방법을 결정합니다. 함수는 이동 횟수를 반환한 다음 "배열" 또는 "정수형 포인터"로 이동하는데, 이는 반환 타입이 C와 호환되어야 하기 때문입니다.
- **playMove**: 이 함수는 개별 이동에 대한 값을 정수형으로 취하여, 해당 이동을 현재의 게임 상태에서 수행합니다.
- **renderFrame**: 이 함수는 현재 내려오고 있는 블록과 다 내려온 블록들의 최종 보드를 취하여, 평면화되는 단일 2D 배열에 렌더링하고, 배열을 나타내는 정수형 포인터를 반환합니다.
- **lockGame**: 이 함수는 playMove 함수를 통해 이동중인 공중에 있는 현재 블록을 취하여, 해당 블록의 이동에 따른 테트리스 게임 상태를 수정하고, 하나의 줄이 완성된 것을 모두 삭제하며, 새로운 랜덤 블록을 생성하고, 게임이 끝났는지를 확인하여 Boolean 값을 반환합니다.
- **resetGame**: 이 함수는 새로운 테트리스를 초기화하는 것으로 전역 게임 상태를 리셋합니다.

각 함수 선언 앞에는 "@_cdecl"와 같은 함수 데코레이터(function decorator)가 있음을 알 수 있을 것입니다. 이것은 Swift에게 "이 함수는 바이너리 기계어에서 C 함수처럼 보이고 동작해야 합니다"라고 말합니다. 그리고 이를 통해 내부적으로 사용 중인 Swift 기능과 관계없이, Go에서 이것을 C 함수인 것처럼 호출할 수 있게 됩니다.

Swift 코드를 컴파일하기 위해서는 다음을 실행해야 합니다.

```
swiftc TWAI.swift -O -emit-library -o libTWAI.so
```

각 플래그의 역할은 다음과 같습니다.

- -O: 컴파일러 최적화를 완전히 사용하여 코드를 최대한 빠르게 만든다. 단, 안전하지 않은 기능은 사용하지 않습니다.
- -emit-library: 바이너리 실행 파일로 빌드하지 말고, 다른 코드가 동적으로 링크(link)할 수 있는 라이브러리로 빌드합니다.
- -o libTWAI.so: 출력되는 파일 이름은 "libTWAI.so"입니다.

라이브러리 빌드를 위해, 텐서플로우를 위한 스위프트 컴파일러를 수동으로 설치하는 것은 다소 지루한 일일 수 있으므로, 이 예제가 포함된 GitHub 저장소에는 환경 설정 및 코드 수행을 자동으로 처리해 주는 Dockerfile을 포함하고 있습니다. 수동 혹은 Dockerfile을 통해 라이브러리 빌드가 완료되었다면, 다음 단계는 Go에서 라이브러리의 기능을 구현하고 무언가를 수행할 수 있도록 만드는 일입니다. 그러면 이제 Go로 코딩해 보겠습니다.

먼저 cgo를 선언하고 모듈을 임포트합니다.

```
package main

// #cgo LDFLAGS: -L. -lTWAI
// long *nextBestMoves();
// void playMove(long move);
// long *renderFrame();
// char lockGame();
// void resetGame();
import "C"
import (
    "fmt"
    "os"
    "reflect"
    "time"
    "unsafe"
    "github.com/gdamore/tcell/v2"
)
```

먼저 주석으로 표현되는 C 코드를 파악할 수 있도록 cgo 임포트와 다른 임포트가 구분되어 있다는 것을 알 수 있습니다.

그리고 우리가 cgo에 주는 첫 번째 명령은 링커에게 TWAI라는 라이브러리를 링크해야 한다고 알려주는 것입니다. 이에 따라 Linux에서 공유 라이브러리 파일의 이름은 libTWAI.so가 될 것입니다.

그런 다음 Go 코드에서 호출할 공유 라이브러리에 있는 함수를 선언합니다. Swift 타입이 C로 변환된 것을 확인할 수 있을 것입니다. UnsafeMutablePointer〈Int〉 타입은 long*이 되고 Bool은 char가 됩니다.

이 외에도 CLI용 Tcell과 같이 나머지 코드에 중요한 몇 가지 모듈도 가져오고 있습니다.

지금부터는 Go 코드에서 Swift 코드를 더 쉽게 호출할 수 있도록 도움을 줄 수 있는 몇 가지 함수를 구현할 것입니다. 버퍼와 배열과 같이 주의가 필요한 내용을 다룰 예정입니다. 간단한 playNextMove 함수부터 먼저 살펴보겠습니다.

```
func playNextMove(move int) {
    nextMove := C.long(move)
    C.playMove(nextMove)
}
```

어렵지 않은 로직입니다. move를 정수형으로 가져와 이를 C.long을 통해 형변환한 이후 함수로 전달합니다. 이 함수는 포인터, 반환 값 등 복잡한 내용이 전혀 없으나, 다음에 다룰 nextBestMoves 함수는 조금 까다로워 보입니다.

```
func nextBestMoves() []int {
    moves := C.nextBestMoves()
    size := int(*moves)
    p := uintptr(unsafe.Pointer(moves)) + unsafe.Sizeof(size)
    sh := &reflect.SliceHeader{Data: p, Len: size, Cap: size}
    return *(*[]int)(unsafe.Pointer(sh))
}
```

어려워 보이지만 분석을 마치면 많은 부분을 이해할 수 있습니다. 세 번째 줄부터 시작해 보겠습니다.

이것이 무엇을 하는지 이해하기 위해서는 nextBestMoves의 출력을 이해할 필요가 있습니다. 이 함수는 현재 떨어지는 블록이 가야 할 위치까지 필요한 이동을 출력합니다. 해당 배열의 값은 필요한 총 이동량으로 시작되는데, 이는 버퍼에 얼마나 많은 요소가 있는지를 파악하기 위해서입니다. 따라서 세 번째 줄에서는, 함수에서 가져온 버퍼의 시작 부분을 역참조하여 이를 Go 정수형으로 형변환합니다.

그런 다음 우리는 size를 통해 배열의 실제 내용이 시작되는 포인터 주소를 찾아야 합니다. 이것은 포인터 주소를 증가하는 것으로 가능하며, 이를 위해 포인터를 uintptr로 형변환 하여 이미 역참조한 size 변수의 크기만큼 증가시킵니다.

기술적으로 크기가 "long" 또는 "64비트 정수형(64-bit integer)"이기 때문에 이미 8바이트라는 것을 알고 있지만, 좋은 프로그래밍 연습을 위해 Sizeof를 호출하여 동적으로 크기를 구하고 있습니다.

그런 다음 버퍼 자체의 포인터 주소를 SliceHeader 함수를 이용하여 Go의 정수형 배열로 변환합니다. 해당 함수는 배열 자체의 길이, 버퍼의 총 용량 및 포인터를 받아 "슬라이스" 또는 "배열"로 변환합니다.

이번에는 복잡해 보이는 이 함수의 반환문을 살펴볼 것인데, 분해하여 살펴보면 이해하기 어렵지 않을 것입니다.

```
return *(*[]int)(unsafe.Pointer(sh))
```

기본적으로 우리는 위를 통해 Go에 "'sh' 변수를 받아 포인터 함수에 전달하고, 그 결과를 가져와 정수형 배열에 대한 포인터로 형변환한 다음, 포인터를 역참조하여 정수형 배열을 반환하라"라고 지시합니다. 이 문장을 분해하면 다음과 같습니다.

return → 다음의 표현(following expression's value)에 해당하는 값을 반환.

* → 다음의 포인터를 역참조(dereference).

(*[]int) → 다음의 값을 이 타입 으로 형변환(cast).

(unsafe.Pointer(sh)) → Pointer(sh) 결과를 취함.

마지막으로, renderFrame 함수가 존재합니다.

```
type Frame struct {
    board []int
    width int
    height int
}

func renderFrame() Frame {
    moves := C.renderFrame()
    size := int(*moves) - 2
    height := uintptr(unsafe.Pointer(moves)) + unsafe.Sizeof(size)
    width := uintptr(unsafe.Pointer(moves)) + unsafe.Sizeof(size)*2
    p := uintptr(unsafe.Pointer(moves)) + unsafe.Sizeof(size)*3
    sh := &reflect.SliceHeader{Data: p, Len: size, Cap: size}

    return Frame{
        board: *(*[]int)(unsafe.Pointer(sh)),
        width: *(*int)(unsafe.Pointer(width)),
        height: *(*int)(unsafe.Pointer(height)),
    }
}
```

먼저 보드의 너비, 높이 및 1차원 보드 배열을 저장하기 위한 새로운 프레임 구조체를 선언합니다.

그리고 함수 자체는 nextBestMove와 유사한 메커니즘이지만, Swift의 renderFrame 함수 반환 값이 1차원 배열 한 개인 것에 비해 여기서는 세 개의 정수로 시작합니다. 테트리스 게임 보드의 높이와 너비에 해당하는 두 개의 정수를 포함하는 버퍼의 전체 크기가 이에 해당합니다.

renderFrame은 먼저 다른 두 정수를 포함하지 않고 보드 자체의 크기를 계산한 다음, 정수 크기만큼 포인터를 두 번 증가시켜 높이 및 너비 정수에 대한 포인터를 가져옵니다.

그리고 마지막으로 포인터를 한 번 더 증가시켜 실제 값 배열에 대한 포인터를 구한 다음 nextBest-Moves 함수와 매우 유사한 메커니즘으로 동작하며, 함수의 끝에서 Frame을 반환합니다.

이것이 이 애플리케이션의 전부입니다. 메모리, 포인터 및 버퍼를 다루는 부분과 같은, 단순하지 않은 부분들이 있었지만 천천히 학습해 보면 어렵지 않게 이해할 수 있습니다. 이제 GitHub 저장소를 복제하고 Tetris 폴더로 이동하여 다음 두 가지 명령을 실행해 보세요.

```
docker build --tag block_ai:1.0 .
docker run -it block_ai:1.0
```

터미널이 자동으로 테트리스 보드로 변하는 것을 볼 수 있습니다! 멋지지 않은가요?!

100줄에 가까운 main 함수를 이 책에서 다루기는 지나치게 양이 많아서 생략했습니다. 그러나 관련된 모든 로직은 이미 배운 내용이며 코드에 대한 주석이 잘 되어 있으므로 여러분이 스스로 학습해 보길 바랍니다.

이 예제를 통해 여러분은 Go와 다른 언어 간의 상호 호환성에 대해 충분히 이해할 수 있었을 것으로 생각합니다. 이제 이 지식을 바탕으로, 다른 언어로 이미 작성된 코드를 호출하거나, 어떤 제약사항으로 인해 미뤄 두었던 코드를 구현해 보세요. 이것으로 Go의 모든 여정을 마치고자 합니다. 여러분이 배운 내용은 시작에 불과합니다. 아직 가야 할 곳이 훨씬 더 많고 구축할 수 있는 내용도 무한합니다. 지금까지 배운 내용을 바탕으로, CLI 혹은 GUI로 구동하는, 간단한 내용부터 복잡한 것까지, 매우 다양한 종류의 애플리케이션들을 구현할 수 있으리라 믿습니다.

1 ▶ tcell 패키지로 할 수 있는 것은 무엇인가요?

2 ▶ 인터프리트 언어 및 JIT 컴파일 언어가 상호 호환성을 갖기 어려운 이유는 무엇인가요?

3 ▶ 언어 간 상호 호환성이 중요한 몇 가지 시나리오를 설명해 주세요.

4 ▶ 언어의 "런타임"은 무엇으로 구성되어 있나요?

5 ▶ Go에 C 코드를 삽입할 때 흔히 발생하는 문제는 무엇인가요?

·· 색인

ㄱ

가변 인자 155
가비지 컬렉션 18-19
고루틴 19, 135-137, 145, 148-159
고퍼 15
공유 라이브러리 164-165, 173-174
구분자 33
구조체 55-60
　　함수에 인자로 전달된 구조체 57
　　함수에 포인터로 전달된 구조체 57
　　포인터 리시버를 이용한 구조체 변화 59
　　값 리시버를 이용한 구조체 변화 59
　　구조체를 이용하여 여러 개의 반환 값 변경하기 56
그린 스레드 134-135
길 찾기 알고리즘 95-110

ㄴ

난수 생성기 123-125
네이티브 스레드 134-135, 137, 141

ㄷ

다익스트라 길 찾기 95-110
대문자를 사용하는 이유 31-33
데드락 141-142
도우미 함수 125-129
동시성 19-20, 129, 133, 151-152
디렉터리 구조 28

ㄹ

라이프 게임 111-121
레퍼런스 사이클 18
레퍼런스 카운터 18
리커버 66-68

ㅁ

멀티프로세싱 19
메모리 관리 18-19
메모리 누수 169
모듈 83-86
무한대 102
문법 28-29
　　대문자를 사용하는 이유 31-33
　　고루틴 135-137
　　변수 33

ㅂ

바이너리 형태 16
반복문 41-45
버퍼링된 채널 142, 143, 145
배열 33-35
배열 용량 설정 36
변수 31-37
　　함수와 변수 48-49
블록체인 122-123
비트 연산자 38
빌트인 패키지 73-82

·· 색인

ㅅ

사용자 정의 패키지 86-90
상호 호환성 163-166
    C 코드 166-174
    Swift 174-184
서드파티 패키지 83-86
설계 목표 15
세포 자동자 111
스레드 19-20
    M:N(하이브리드) 135
    1:1 (커널 모드) 135
    N:1 (유저 모드) 135

ㅇ

암호화 해시 함수 121-123
연산자 38-39, 49, 51, 56, 57-58
오류(에러) 16, 50-51, 63-64
의사 난수 생성기 123-125
인자 46-47
    가변 인자 155
인터페이스 60-63

ㅈ

작업 증명 애플리케이션 121-129, 151-159
재할당 36
전역 상수 33-34
전역 정적 변수 31-32
제네릭 53-55

제로 플레이어 게임 111
조건 분기 37
중괄호 35
지역 변수 34-35
지원 플랫폼 16-17

ㅊ

채널 45, 138-147
    동기 채널 145
    버퍼링된 채널 142, 143, 145
    버퍼링되지 않은 채널 140-141, 143, 145
    비동기 채널 145
    크기가 0인 요소 143-145

ㅋ

컴파일러 17-19
    아키텍처 16-17
    소스코드로 Go 빌드하기 26-27
    컴파일 타입 오너십 18-19
    크로스 컴파일 20
    LLVM 20
코어 19, 133, 137, 152-154
    코어와 고루틴 137
콘웨이의 라이프 게임 111-121
크로스 컴파일 20
키워드 29

ㅌ

타입 35

태그 76

테트리스 175-184

토큰 29, 138

ㅍ

패닉 66-68

패키지 관리 시스템 73

패키지

    사용자 자체 패키지 빌드하기 86-90

    빌트인 패키지 73-82

    패키지 용어 설명 28

    서드파티 패키지 83-86

프로젝트 구조 27-29

ㅎ

하이브리드 스레딩 135

함수 45-55

    도우미 함수 123-127

함수 전달 51-52

해시 충돌 121

해시 153

형변환 46-47

휴리스틱 96, 176-177

A

AOT 컴파일 언어 164-166

append 함수 36

ARM/ARM64 17

ARC 18

B

Boolean 38-39

C

C 스타일 for 반복문 44-45

C 코드와 상호 호환하기 166-174

C++ 15

cgo 라이브러리 167-169

char* 168

CMA-ES 177

CPU 아키텍처 지원 현황 17

D

defer 51-52, 66-68

E

Edwin Martin 111

F

for 반복문 41-45, 138-140, 148-149, 154-155

for-in 반복문 41-44

G

gc 27

GCC 27

gccgo 27

Go 모듈 83-86

Go 설치하기

    소스코드로 Go 빌드하기 26-27

    미리 컴파일된 바이너리 이용하기 25-26

    시스템 패키지 매니저를 이용하여 설치하기 25

H

"Hello, World!" 프로그램 29-31

    C 버전 Hello world 166-174

I

IBM PowerPC 17

IBM Z 17

if문 37-39

J

Java 15

Java 바이트코드 163

JIT 컴파일 언어 163

John Conway 111

K

Ken Thompson 15

L

Leon Bambrick 152

Linux에서 Go 설치하기 26

LLVM 백엔드 20

M

main 함수 45, 139

make 함수 36-37

MIPS 17

M:N 모델 135

N

null terminated strings 168-169

O

OMDb API 73-82

P

Println 함수 31

Python 73, 163, 177-178

R

RISC-V 17

Robert Griesemer 15

Rob Pike 15

runMathOp 함수 51

Rust 18

S

select문 147-151, 156

SHA256 해시 함수 122, 126

squareIt 함수 138-139

SSH 키 87

Swift 18-19

    Swift와 상호 호환하기 174-184

switch문 37, 39-41

V

var 키워드 33

W

while 반복문 44-45

X

x86/x86_ 17

천재 프로그래머 탠메이가 알려주는
Go 테크닉

백엔드를 위한 Go 프로그래밍

1판 1쇄 발행 2022년 8월 16일

저   자 | 탠메이 박시, 바히어 카말
발행인 | 김길수
발행처 | (주)영진닷컴
주   소 | 서울특별시 금천구 가산디지털1로 128
           STX-V타워 4층 401호
등   록 | 2007. 4. 27. 제16-4189호

©2022. (주)영진닷컴

ISBN 978-89-314-6694-2

영진닷컴
프로그래밍 도서

영진닷컴에서 출간된 프로그래밍 분야의 다양한 도서들을 소개합니다.
파이썬, 인공지능, 알고리즘, 안드로이드 앱 제작, 개발 관련 도서 등 초보자를 위한 입문서부터
활용도 높은 고급서까지 독자 여러분께 도움이 될만한 다양한 분야, 난이도의 도서들이 있습니다.

**플러터
프로젝트**

시모네 알레산드리아 저
520쪽 | 30,000원

**Node.js
디자인 패턴 바이블**

Mario Casciaro,
Luciano Mammino 저 | 668쪽
32,000원

**나쁜 프로그래밍
습관**

칼 비쳐 저 | 256쪽
18,000원

**다재다능
코틀린 프로그래밍**

벤컷 수브라마니암 저/
우민식 역 | 488쪽
30,000원

**백엔드를 위한 Django
REST Framework**

권태형 저 | 248쪽
18,000원

유니티를 몰라도 만들 수 있는
유니티 2D 게임 제작

Martin Erwig 저 | 336쪽
18,000원

**돈 되는
안드로이드 앱 만들기**

조상철 저 | 512쪽 | 29,000원

**친절한 R with
스포츠 데이터**

황규인 저 | 416쪽
26,000원

**게임으로 배우는
파이썬**

다나카 겐이치로 저 | 288쪽
17,000원

**바닥부터 배우는
강화 학습**

노승은 저 | 304쪽
22,000원

도커 실전 가이드

사쿠라이 요이치로,
무라사키 다이스케 저
352쪽 | 24,000원

단숨에 배우는
타입스크립트

야코프 페인, 안톤 모이세예프 저/
이수진 역 | 536쪽 | 32,000원